秦始皇嬴政

历史说帝王

何君◎编著

吉林出版集团有限责任公司

图书在版编目（CIP）数据

秦始皇嬴政／何君编著 . —长春：吉林出版集团
有限责任公司，2011. 12（2020.6 重印）
　　（历史说帝王）
　　ISBN　978-7-5463-6869-6

　　Ⅰ.①秦…　Ⅱ.①何…　Ⅲ.①秦始皇（前 259～前 210）—
传记　Ⅳ.①K827＝33

中国版本图书馆 CIP 数据核字（2011）第 220459 号

秦始皇嬴政

编　著	何　君
出版统筹	博文天下
责任编辑	王　平　齐　琳
封面设计	先锋设计
开　本	710 mm×1000 mm　1/16
字　数	139 千字
印　张	17
版　次	2012 年 5 月第 1 版
印　次	2020 年 6 月第 2 次印刷
出　版	吉林出版集团股份有限公司
电　话	总编办：010-63109269
	发行部：010-85725399
印　刷	三河市南阳印刷有限公司

ISBN　978-7-5463-6869-6　　　　　　　　　定价：59. 80 元

天朝史鉴

——历史说帝王

在五千多年的人类文明历史长河中，中华文明是一个伟大的奇迹。

从公元前221年开始，中国就以一个统一的多民族集权帝制国家屹立在世界的东方。在以后漫长的两千多年，中国一直是当时世界上最发达的国家之一，并有着几段辉煌时期，包括汉朝、隋唐、元朝和早清时期。中国在公元13世纪达到顶峰，成为当时世界上最繁荣的文化及贸易中心，以指南针、造纸术、印刷术、火药为首的众多发明对世界的历史与科技发展有重要贡献，并拥有发达的农业及手工业。

"普天之下，莫非王土；率土之滨，莫非王臣"。中华帝国长期的优势形成了巨大的文化优越感：根据中国封建社会的传统观念，中国是"天朝上国"，是世界文明的中心，中国皇帝就是"天下共主"。翻开世界历史，这个观点在16世纪以前，的的确确是一个事实。

拿破仑曾经对英国外交家阿美士德说过："中国是一头沉睡的狮子，一旦被惊醒，世界将为之震动。"拿破仑一生纵横欧洲，数次把多国联军踩在脚下，如此叱咤风云的人物为什么会对当时的中国有这样的论断，他的根据从何而来？

翻开世界近代史，我们会发现，拿破仑所处的时代，曾经拥有优秀远古文明的区域大多四分五裂，各自为政，欧洲如此，非洲也如此；而拥有广袤土地的大国又大多没有久远的文明，俄罗斯如此，美国亦然；真正能将久远的文明和辽阔的疆域结合在一起的，仍然只有中国。拿破仑一直试图统一欧洲，因为他深知：只有将文明的力量与辽阔的疆域结合，才能造就伟大的帝国。

纵观世界五千年的历史，我们可以得出这样的结论：中国的文明能够这样伟大，中国的力量能够这样让人不敢轻视，一直以一个大一统的国家形式存在是至关重要的决定性因素。

作为一个多民族集权帝制国家，所有的权力集中在皇帝一个人身上。时势造英雄，英雄造时势，雄才伟略的皇帝完全有可能改变历史的进程。在中华帝国的历史上有400多位帝王，其中13位杰出的帝王以其丰功伟绩而彪炳史册，在中华帝国史上，甚至世界史上打下了深刻的烙印。

封建社会时期的中国，一直都以一个大帝国的姿态屹立在世界东方，各民族用各自的历史共同谱写出一部中华风云史。秦汉时期，中华帝国把匈奴赶到西方，引发了欧洲的一系列大动荡；唐朝时期，中华帝国把突厥赶到西北，又引发了中亚和东欧的动荡。至于秦、汉、晋、隋、唐、宋、元、明、清这一系列的朝代更替，以及各个朝代中的叛乱分裂或者起义，都只不过是这个延续两千多年的帝国的内乱而已。

现在，我们回顾这个伟大的中华帝国史，秦始皇，无疑是这个大帝国的最初缔造者，也就是开国皇帝。正是由于他的君临，才奠定了整个中华民族大一统的所有基础。

在中华帝国的历史上，公元前221年是真实意义上的帝国元年。"千古一帝"秦始皇一统天下，废分封，设郡县，同文、同律、同衡、同轨，修驰道，筑长城，大一统的中华帝国有了一颗"统一的心"。从此，中国人以高度的政治智慧与独特的文化内涵，把"大一统思想"作为整个社会和个人的至高理想永恒地留在了所有中国人的血液中。秦始皇也当之无愧是中华帝国的始皇帝。

中国封建帝王"皇帝"的称谓由秦始皇开始，他叫"秦始皇"，就是希望大秦帝国会有接下来的二世、三世，直至千万世这般永远传承下去。这一点，虽然秦始皇的子孙没有做到，但从另一个意义上讲，中华帝国后来所有坐拥江山的皇帝何尝不是秦始皇的继承者？

史家有个说法叫"汉承秦制"，意思就是刘邦建立汉朝之后，继承和发展了秦朝的大一统制度，从这个意义上来说，刘邦才是秦始皇的第一个继承者。秦末天下大乱，楚汉争霸的结果是"流氓战胜了英雄"。项羽首先在争夺天下的霸业中胜出，但遗憾的是项羽根本没有建立一个中央政权的意识，而是把诸侯全部分封到各自的领地，他的做法实际上是要让中国再次回到战国时代的大分裂中去，这无疑相当于一种历史的倒退，所以最后他败给刘邦也就不足为奇了。从这个角度来说，与其说是刘邦战胜了项羽，不如说是统一战胜了分裂。

楚汉争霸，也开创了帝国的另外一个游戏规则：就是皇帝轮流坐，英雄不问出处。这个规则的结果就是"成王败寇"，完美地解决了帝国内部改朝换代的"正统性"问题，在一定程度上保证了最有能力的人成为开国皇帝，带领帝国一次又一次走向辉煌。

汉武帝即位之后，罢黜百家独尊儒术，又为日后中国两千余年的统一打下坚实的思想基础，儒家思想中的三纲和五常都有力地促进了大一统思想在百姓心中扎根。"英雄风流不尽数，刀马所至皆汉土"。汉武帝北击匈奴，南平两越，西通西域，奠定了现代中国辽阔疆域的初步基础，他又大力提倡中西交流，数次派人出使西域，促进了民族融合，中华帝国也开始有了广泛的世界影响，汉文化圈开始形成。

　　"天下大势，合久必分，分久必合"。东汉末年，中国大一统的格局第一次长时间地分裂。也正是这次分裂，唤醒了中华民族强烈的统一意识。

　　曹操年轻时，曾得当时名士许劭"治世之能臣，乱世之奸雄"的评价，而他也的确没有辜负这一番品评，一身功业让后人又叹息又嫉妒。曹操统一北方之后，权势已经到了人臣之极，但他却没有称帝，究其原因，正是深受维护正统的观念影响。随后他又立即率领大军南征，尽管最后功败垂成，但是他在北方实行的诸多政策都为日后的晋朝奠定了深厚的基础。西晋武帝再次统一中国，最大的功劳当属曹操，这也是曹操被认为是晋祖的原因所在。在维护统一这一点上，曹操不愧为历史上最伟大的政治家之一。

　　三国时期是一个英雄辈出的时代，刘备以其独特的人格魅力成为中国历史上最有人缘的平民皇帝。刘备本人即是汉朝宗室，本人又仁慈爱民，所以在东汉之末的乱世中是人心所向。他也正是凭借着这两个条件，从一个一无所有的卖草席之人变成蜀汉的开国君主，他的一生也都在为了再次统一天下兴复汉朝而努力，由于时代所限，他也没有成功，但他建立的蜀汉却在开发西南、促进民族融合方面作出很大贡献。刘备能够三分天下得其一，很大程度是占了"正统"的光，而正统的本质就是统一。

　　历史进入唐朝，中华帝国在建立九百多年之后，唐太宗李世民将这个古老的大帝国推向了辉煌的巅峰。中国历代皇帝中，唐太宗是极少数上马善打天下、下马能治天下的英主。他在位期间，居安思危，任用贤良，虚怀纳谏，实行轻徭薄赋、疏缓刑罚的政策，并且进行了一系列政治、军事改革，终于促成了社会安定、生产发展的升平景象，对周边少数民族，他实行开明政策，安抚首领，鼓励民间交流，被尊为"天可汗"。

千百年来，李世民开创的"贞观之治"一直是人们备加推崇的封建社会治世榜样，他本人也成为后世帝王竞相效仿的一代名君。唐朝在他的治理之下，中国对世界的影响也达到一个前所未有的高度。

同李世民的出类拔萃相比，武则天可谓丝毫不逊色。她以女儿之身，在封建社会男尊女卑的大环境下可以坐上皇位，让天下所有男人俯首称臣，本身就是一件绝非常人能及之事。但她的即位，又不仅仅是一个女人的胜利，她开创的"武周革命"局面是中华帝国在唐朝时期的一个重要过渡。政治上，她上承"贞观之治"，注重富国安民，她的夺权过程虽然残酷，但百姓生活却不仅没有受到什么影响，反而更加富足，这就为后面的"开元盛世"奠定了坚实的基础。

在这个中华帝国的大舞台上，宋太祖赵匡胤的出彩之处更多地集中在制度的完善上。宋朝之前的大一统政权，无论是汉朝还是唐朝，都在后期饱受地方势力作乱的困扰，原因就是地方势力拥有军队，可以很轻易地对中央政府产生威胁。宋太祖登上皇位之后，第一个动作就是使用怀柔手段削去大将的兵权，使军队全部掌握在皇帝手中，彻底杜绝地方势力叛乱的可能性。同时，宋太祖还是个重视文化的皇帝，宋朝经济的繁荣和文化昌明也为前朝所罕见。

经历了南宋与辽、金、西夏并列的分裂局面之后，以成吉思汗为首的蒙古人再次统一了中华帝国，这不仅是中国少数民族第一次统一全国，也使中国的少数民族再一次震惊全世界。成吉思汗天生就是一个战争之王，他的一生从头到尾都在战争中度过，中原、漠北、西域、中亚都留下了他征服的足迹。中华帝国从未像成吉思汗在位时一般表现出这么强大的侵略性，所以，成吉思汗也理所当然地成为对世界影响深远的中国皇帝之一。

明朝时期的中国，仍旧是大一统的局面，朱元璋统一帝国之后，撤消丞相一职，又大开杀戒，几乎将开国功臣斩尽杀绝，此外又开设锦衣卫，监视大臣及百姓言行，封建皇权在他的手中发展到一个新的巅峰。在朱元璋的一系列举措之下，中华帝国几乎发展成了他的家天下，无论中央还是地方，都再也没有权势能与皇帝抗衡的大臣，这不能归咎于朱元璋一个人，应该说是制度的弊端，已经实行了一千五百余年的大一统式封建专制逐渐走到了尽头。明朝在重修长城一事上最下工夫，这也说明明朝的抵御外族能力最低，在朱元璋的影响之下，明朝后来的皇帝都只专心内斗，不思进取，明朝的世界影响力也随之下降，中华帝国的疆域也降到一个低谷。

清朝由女真族建立，这也是少数民族第二次统一中国，而大清王朝中最雄才大略的皇帝当属康熙帝。康熙是中华帝国最后一个文治武功皆很出色的皇帝。康熙采取了一系列有利于国计民生的政策，使耕地的面积迅速扩大，粮食产量有所提高，经济作物也被广泛种植，最终促进了农业经济的发展，奠定了"康乾盛世"的基础。康熙又平定准噶尔叛乱，将西藏、新疆和台湾牢牢纳入中国版图，又和沙俄签订《尼布楚条约》，有效抵抗了沙俄对东北地区的侵略。康熙时期是中华帝国的又一个顶峰，但是由于故步自封和闭关锁国，中国已经跟不上世界发展的脚步，近两千年的大帝国在最后的回光返照中走向没落。

中国的封建专制制度发展到雍正时期，君主集权达到最高峰。雍正的即位过程可谓将中国古代的太子夺权斗争发挥得淋漓尽致，他即位之后，规定以后的皇帝必须把继承人的名字写成诏书封存，这就从根本上解决了皇室继承人纷争的问题。雍正又设军机处，作为皇帝的秘书班子，为皇帝出主意、写文件、理政务，"军国大计，罔不总揽"。雍正对经济发展的贡献也不容忽视，正是由于他在中间的拨乱反正，使得康熙的一些有效政策得以延续，也使得康熙开创出的盛世局面可以延续。

雍正之子乾隆是"康乾盛世"的收官者。乾隆在位六十年，前期，他政治颇为清明，在康熙、雍正两朝的基础上，将"康乾盛世"局面推向了顶峰。到了执政后期，乾隆开始穷兵黩武，将清政府积累下来的上百年家底挥霍一空，对外又实行闭关锁国的政策，进一步耽误了中国与世界的同步发展，时有英国人形容清朝为"一艘破烂不堪的头等战舰"，从这种意义上讲，乾隆也是整个中华帝国的收官者。

......

英国女王伊丽莎白直言不讳地说：西方之所以长久以来对中国心存疑虑，就是因为中国一直是一个统一的大国。

"统一"是打开中华文明唯一的钥匙。从公元前221年秦始皇统一中国后，中国的地方政权就再也没有办法在政治上取代中央的地位，无论是后世的哪一个封建君主，争取统一或者维护统一都是他没法抵挡的诱惑，也是他无法摆脱的宿命。一国不容二主的观念在这块土地上是如此的深入人心，真正成为中国人的民族基因，也是中华文明历久而弥新，中华民族能够傲立世界的真正原因。

何君于北京

2006 年 12 月 9 日

前　言

——中华帝国的始皇帝

巍巍华夏，历史悠悠，朝代更替频繁，帝王将相如烟。一部帝王史从何开篇？溯根追源，自当由秦始皇说起。

实事求是地说，秦始皇是一个史诗般的理想主义英雄。扑朔迷离的传奇出身、颠沛凶险的幼年生活、大器早成的少年秦王、冷酷严竣的政治斗争、气吞山河的统一战争、改天换地的建国策略、不可思议的帝国崩溃……在秦始皇波澜壮阔的一生中，仅仅用二十多年的时间，就在世界的东方塑造了一个伟大的帝国。这个帝国在其后近两千年的时间内，一直是当时世界上最发达的国家之一。在人类历史的进程中，秦始皇深刻地影响着过去、现在与未来。从这个意义上来说，秦始皇无愧于"千古一帝"的盛誉，也是人类历史上最伟大的帝王之一。

秦始皇上承千年，下启千年。"六国毕，四海一"，从公元前234年开始，秦始皇用十年的时间，第一次在华夏大地上实现了真正意义上的统一，终结了从春秋战国时代持续数百年的割据争斗，是谓上承千年；清人谭嗣同说"两千年之政皆秦政也"。秦始皇统一中国后，废分封，设郡县，同文、同律、同衡、同轨，修驰道，筑长城，给大一统的中华帝国建立了一整套完整的统治模式。

强大的大秦帝国初步奠定了中国的疆域版图。根据《史记》、《汉书》、《后汉书》、《水经注》等书记载，秦朝一共建置了 48 个郡，这些郡包括了现代中国版图的大部分，未包括的只有新疆、西藏、青海、台湾、黑龙江、吉林等省区，而现代的中国版图基本部分已经纳入了大秦怀抱。中华民族就是以这块版图为基础，不断地巩固和发展，形成了今天这个样子。由此可见，大秦王朝的缔造者秦始皇在两千多年前所创下的这份基业，具有何等重要的奠基意义！

长城是秦始皇留给中华帝国最伟大的遗产之一。在古代，农耕民族与游牧民族经常爆发战争。游牧民族骁勇善战，从北向南进攻农耕民族更是一马平川。天才的秦始皇用长城划定了农耕民族与游牧民族的军事分界线。后人依据长城，强可攻、弱可守，长城也因此在中国军事史上占有重要的地位。当年的大秦军队天下无敌，秦始皇修长城是"弊在当代，利在千秋"，从这点来看，秦始皇的确是"谋万世"的始皇帝。

公元前 220 年，秦始皇批准丞相李斯的建议，以秦国通行的文字大篆为基础，简化之而制定小篆，颁行全国，统一文字。

这或许是秦始皇对中华民族最伟大的贡献。文字，是一个民族文明的标志，更是一个民族文明传承的载体。文字的统一必将带来文化交流的迅速扩展，中华民族传统文化的形成，中华民族统一心理的塑造，都由此而来。正是秦始皇实行的"书同文"，才让中华帝国在古代世界中一枝独秀了两千年，使文明越来越昌盛；正是由于有这个统一的文字作为背景，中华民族才能在面对任何外族入侵时团结成一个共同体，从而成功地将外敌同化或者赶走。每个中国人都可以自豪地说自己是炎黄子孙，正是因为我们有统一的文字。后人每每论及秦始皇的功绩，都将这项措施与统一货币、度量衡并称，这实际上并不恰当。事实上，仅仅统一文字这一项，就足以让秦始皇功垂千古、流芳百世了。

　　秦始皇是中华帝国历史上最勤奋的皇帝，他几乎是不分昼夜地和官员一起带动国家机器运转。从他统一六国到他逝世只有十一年时间，然而这短短的十一年时间里，他做的事情甚至比后世所有帝王的所作所为总和还多，影响力更是后人远不能及。无论什么事情，他都想要做到最好，所以只要决定，他都会毫不犹豫地执行，即使他最宠爱的儿子扶苏和最信任的丞相李斯也丝毫不能阻挡，他的所有举措，与其说是顺应了历史发展的潮流，不如说是为了建立一个他自己心中理想的国家，所以他听不进群臣的意见，忘记了百姓的感受，也不在意后人的评价。

　　这就是"千古一帝"秦始皇，一个用毕生精力奋斗的完美理想主义者。

田家淇

2006 年 3 月 28 日

目 录

第一章 虎狼之国

第一节　霸王之胄

司马迁的《史记·秦本纪》收录了一个传说，打开了秦国家族的发展史：秦国的先人，最早可以追溯到传说中的颛顼帝。

颛顼帝有个嫡孙女名叫女修。一日，女修正在碧蓝的天宇下、翠绿的草地上，淋浴着和煦的阳光，深吸着甘甜的空气，快乐地织着布。一群黑色的燕子，啾啾鸣叫，展翅低飞，追逐嬉戏，其乐融融。

群燕飞越女修头顶，"玄鸟陨卵，女修吞之，生子大业"。（《史记·秦本纪》语）这位大业娶少典之女名女华，"女华生大费，与禹平水土"（《史记·秦本纪》语）。

禹的时代，留给人们的印象是十分深刻的。那时洪水滔滔，漂溺人民，禹承父志，治理洪水。大禹治水，兢兢业业，劳身苦心，腿毛蜕尽，十三年三过家门而不入，苦尽甘来，终于大功告成。

舜帝论功行赏，"帝赐玄圭"。禹受赏而启奏："这么伟大的赫赫功绩，不是我一个人可能为的，要不是有大费辅佐和帮助，我是肯定不能完成的，所以说大费功不可没！"舜帝很高兴，赏赐大费一面"皂游"——带黑色飘带的旗帜，秦人视之为无上荣光；又赏赐大费一位姚姓的玉女为妻。

大费拜受，从此以后辅佐舜驯养鸟兽。大费从祖上继承下来的驯养鸟兽的丰富经验，使得他的工作完成得十分出色，珍禽异兽都被他驯养得十分恭顺，舜帝大喜，赐其姓为"嬴"。于是秦人的祖先，从此有了一个姓。大费生了两个儿子：一个叫大廉，一个叫若木。他们的子孙，有时居住在中原地区，有时居住在夷狄地区。

历史的车轮转到了夏桀时期。桀是中国历史上有名的暴君，虐杀忠良，苛待百姓，激起天怨人怒。商族首领汤举行起义，秦人的祖先、大费的子孙费昌反夏投商，加入了起义大军。费昌有出色的驯马经验，惊人的驾车技术，很快成了商汤驾车御者。在夏与商胜负的大决战中，费昌立下赫赫战功。从此，秦人的祖先受到商王朝的高度重视。殷商之世，嬴姓一直是显贵家族。

禹

费昌的子孙蜚廉，子承父职，成为镇守西戎、封疆西陲的守边大臣。蜚廉极善行走，是否像《水浒传》中的神行太保，不得而知，但是在古代善走可是一件了不得的本领。蜚廉之子叫恶来，孔武有力，凶猛非常。这是秦人祖先在殷商时代最为辉煌的时期。

物极必反，祸福同门。秦人祖先费昌看准机会反夏助商，在改朝换代的斗争中，站对了位置，秦人兴起。而今秦人的祖先蜚廉与恶来又面临着同样的选择：因为这时殷商出了一个暴君纣。这一次，秦人却站错了位置。

纣　王

纣王宠幸妲己，草菅人命，残杀忠臣，暴虐百姓。

西伯侯姬昌统治西岐，行德政，施恩惠，被周部落称为"圣人"。纣王对他十分反感，一直怀恨在心。有一次，姬昌因为一点小事儿被纣王抓到了把柄，他便下令把姬昌囚禁起来。又把姬昌的儿子伯邑考处死，并剁成肉酱。最让人忍无可忍的是，他还强迫姬昌把儿子的肉给吃了。当他看着姬昌吃完儿子的肉后，得意扬扬地说："都说姬昌是圣人，可他连自己儿子的肉也吃嘛！"

这成为了殷商王朝覆灭的一个隐患，是为后话。

纣王是酒鬼色迷。他曾在沙丘扩建皇家御苑，投入了大量的人力、物力。苑中布满了名贵花木、珍禽走兽，还开凿了一个大池。池中贮酒，池底用不同颜色的鹅卵石铺砌，酒香飘散空中，几里之外都能闻得到。酒池四周的树枝缠着锦帛，并挂上一串串烤肉，称作肉林。这就是闻名后世的"酒池肉林"。

俗话说：饱暖思淫欲。一次，纣王看到苑囿中有一对小梅花鹿在自由自在地追逐嬉戏，便想到：若人也能如此，岂不快活。于是，一声令下，三千男女，赤身裸体，来到酒池肉林，纵情狂欢。并命令他们要把酒池的酒喝干，肉林的肉吃完。可是这么多的酒和肉又哪里喝得完吃得下呢？

纣王的暴虐行为引起朝中正直大臣的反对，为了对付这些大臣，他制造了一种叫"炮烙"的酷刑，即用铜铸成空心柱子，悬空架起，下面烧红的为炭，铜柱外表涂上奇滑无比的膏油，命武士举刀威胁，逼着受刑者赤身裸体地从铜柱上爬过，受刑者被铜柱烫得皮焦肉烂，一下就掉了下来，摔在火中，活活被烧死。而他与妃子妲己坐在高高的鹿台，一面饮酒，一面津津有味地欣赏着这惨绝人寰的刑罚。

此时，蜚廉和恶来却很受纣王宠幸。"蜚廉生恶来。恶来有力，蜚廉善走，父子俱以材力事殷纣"。由于蜚廉、恶来倾力保纣，许多古籍中都记载了他们"助纣为虐"的事。《吕氏春秋·当染》："殷纣染于崇侯、恶来。"周王伐纣，在火烧朝歌的血战中，恶来率兵守卫商都，浴血奋战。《尸子》云："武王亲射恶来之口。"这大概是由于恶来的顽强抵抗而遭到的报复。当时，蜚廉奉命率兵守御北方，以对付土方（今山西、河北北部）、鬼方（今山西西北部和陕西北部）等族的进犯，他从北方归来，闻商朝已亡，不能当面向纣王汇报，便在霍太山（今山西霍县东南）筑起祭坛，向纣王的在天之灵举行报祭。祭后为商朝殉死，就葬在霍太山。

周武王大军伐纣，恶来战场被杀，蜚廉为纣殉葬。秦人祖先受到了前所未有的打击，成了周王朝的奴隶。

第二节　先祖余烈

周公旦

殷商由天子变为诸侯，秦人祖先由贵族降为奴隶，心中滋味自然难以言表。周武王去世，周成王继位。成王年少，周公辅政。商纣之子武庚以为有机可乘，趁机发动了大规模的反周武装叛乱。秦人的祖先也参加了这场叛乱。

周公旦是历史上著名的政治家，被后人推崇为圣人，在他主持下，新兴的周王朝轻而易举地平息了这场叛乱。对于叛乱之人，中国历来的做法是大量杀戮，周公旦虽为圣人也不例外。杀戮之后，参与叛乱的氏族，被迁徙到荒凉、偏远之地。秦人的祖先参与叛乱，刀下余生之辈，背负罪名，扶老携幼，肩担手提，离开熟悉的故乡山水，流离到了陌生的西方。他们没有了歌声，也没有了欢笑，因为他们的前方充满了艰辛，到处荆棘丛生，生死莫测。

这些秦人迁徙到什么地方去了呢？

小部分秦人迁徙到黄、淮流域定居下来，后来他们还建立了一些小国，比如徐国、黄国、江国、葛国等。他们虽然是嬴的分支，但是后来却以国为姓氏，从此脱离了嬴姓。

大部分秦人则由于参与叛逆，罪孽深重，只得迁徙到西周的边陲之地，与早年殷商时代留下的少部分秦人会合，成了后来建立大秦王朝的嬴氏一族的祖先。周王朝的边境不断向西推进，被视为化外之民的秦人祖先只得不断西迁，最西之地大约抵达今甘肃天水附近。

秦人祖先一直处在被奴役、被驱使的地位，只得与夷狄杂居共处。他们顶风雨、逐水草，过着艰难的游牧生活；但是他们曾经是大夏臣民，大商贵族，他们熟悉农耕民族的生活，所以他们努力地创造定居条件，发展种植、养殖业，逐步培植了粟、麻、桑等农作物。

生于忧患，死于安乐。艰难的生活环境，低下的政治地位，磨炼着秦人祖先的意志，陶冶着他们的性格。

光阴荏苒，日月如梭，到了周王朝四代王周穆王时，秦人的处境有了一丝转机。这个转机的到来依旧是由于秦人善于驯马、养马和驾御。周穆王即位之时，已经55岁。古书里面把他描绘成半人半神的穆天子。他有一个驾车的好手，这人就是蜚廉之子季成的五世孙造父。

一次周穆王西出狩猎，乐而忘归。徐偃王乘机作乱，造父替周穆王驾车，日行千里，"长驱归周以救乱"（《史记·秦本纪》语）。因救主有功，周穆王把赵城分封给造父，造父一支由此以赵为氏，战国时代的赵国国君，就是造父的子孙。所以人们说"秦赵同祖"。秦人的血液中，或许蕴涵着卓越的"战斗基因"，在秦始皇统一六国的过程中，赵国强大的战斗力，一直都是秦始皇最大的挑战。

到周孝王时代，由于造父受宠的缘故，蜚廉之子恶来的五世孙非子也因善于养马、驯马，周孝王命他到今陕西扶风一带，专门给周王室养马、驯马。非子是一个善于抓住机遇的人，非常珍惜这个难得的机会，他尽心竭力，小心翼翼，"马大蕃息"。周孝王大开王恩，封秦人为周的"附庸"，准许非子在"秦"地修筑自己的城邑，恢复嬴氏的祭祀。

什么叫"附庸"？《礼记》说：

> "天子之田方千里，公、侯田方百里，伯七十里，子、男
> 五十里。不能五十里，不合于天子，附于诸侯曰附庸。"

"附庸"只能依附于大诸侯，没有资格与天子会面。但是对于秦人来说，这是改变命运的第一步，没有这第一步，自然就没有后来的称王、称帝。所以这一步得来不易，有着非常重要的意义。

秦人自先世以来，长期居住在中原与戎狄交界之地，他们一方面有着游牧民族凶悍、勇猛的品性，一方面又拥有中原人的文明、智慧。从西戎少数民族那里获得骑马、射箭、奔袭等中原人缺乏的技艺，从中原人那里他们又获得了车战、法令、变法等少数民族缺乏的知识。

在秦人的血管里，流着少数民族和中原民族的血液：他们既非胡人，也非汉人，既是胡人，又是汉人。正是由于秦人的这种"胡性"和"汉性"，他们有征服西戎的冲动，有东进中原的欲望。他们在激烈的生存斗争中既前后受敌，又左右逢源，取长补短，使自己越来越强大。

秦人能够最终统一中国，不是一朝一夕的事情。秦人能够从西陲一隅，不断发展，最后征服中原，并在秦始皇的手上完成了统一大业，靠的正是能屈能伸、锲而不舍的精神，以及在逆境中培养出来的顽强的意志力和桀骜不驯的性格。

从成为周的附庸开始，秦人总算有了自己独立生活的一块小地盘，开始了自己的艰苦卓绝的开国创业史。

　　秦人之所以能得到如此恩赐，并非由于周天子仁慈宽厚，而是由于周室不断衰落，西方游牧民族不断骚扰和侵袭，周天子要利用秦人位于游牧民族与农耕民族之间的特殊地位去控制和抵御西边的戎狄。

　　秦人是十分机敏而狡黠的，周天子的把戏自然瞒不住他们犀利的眼睛。秦人在三呼万岁之后，打着天子的名义镇抚和讨伐西戎，既向天子邀功请赏，又扩大了自己的势力范围。

　　秦人的第三代首领叫秦仲，钦慕周王朝的礼乐制度，对周天子极为恭顺，周王朝正式派他去讨伐西戎，封他为大夫。这是秦人得到的周天子的第一个封爵。周天子的这一封赐，使西戎组织全部力量进攻秦人。秦人抵敌不住，秦仲被杀，只得求救于已经摇摇欲坠的周王朝。"瘦死的骆驼比马大"，周王朝很快组织 7000 人马交给秦仲之子庄公等五兄弟去组织反击。经过长时间激烈搏杀，终于击退西戎，暂时稳定了西北局势，秦庄公因此被封为西陲大夫。从此，秦人的势力不断发展壮大，占据了周王朝西北地区的重陲之地。

　　秦人的发展，似乎得到了上天的保佑。

　　历史上，任何一个王朝都有一个由盛而衰的历史轮回。周王朝终于到了衰亡的时代，这位君王就是周幽王。周幽王宠幸褒姒，烽火戏诸侯，玩笑开得实在过大，从此周幽王在诸侯面前失去了应有的威信。周幽王废除太子立褒姒之子为太子，引起了大臣和王室的坚决反对，特别激怒了原太子的外公、申后的父亲申侯及其家族。

　　申侯拥有强大的实力，并与戎狄和秦人有着广泛的联系。申侯拼死劝谏，周幽王大怒，削去申侯爵位，准备发兵讨伐申国。

　　箭在弦上，一触即发。申侯先发制人，联合犬戎一族进攻周王朝的国都镐京（今陕西长安县西北）。潮水般涌来的犬戎部落，如闪电一般直扑镐京。周幽王惊惶失措，急忙命令点燃烽火向诸侯求救。但是由于周幽王曾经烽火戏诸侯，诸侯中没有一人发兵相救。

什么叫"烽火"呢？

今人登上长城的时候，就会看到"烽火台"。周王朝时代，乃至整个中国古代，从边疆地区到首都，都设有烽火台，若发现敌情，即点燃烽火，大小诸侯都要带兵"勤王"。

烽火台是一种重要的传递军事情报的设施。

点燃烽火台的燃料不是一般材料，而是狼粪，所以古书中又称烽火为"狼烟"。其他材料点燃所产生的浓烟，轻飘、易散，微风一吹即斜；而点燃狼粪所产生的浓烟，凝重、紧密，风吹不斜，历时久长，所以烽火台用狼粪作燃料。

诸侯不来相救，犬戎攻势越来越猛。申侯越来越控制不住局面，最终，犬戎攻陷镐京，肆意抢掠。犬戎追至骊山，杀死了周幽王和褒姒。申侯无奈，只得发密书请求各路诸侯"勤王"。

烽火台

秦庄公之子秦襄公抓住这个千载难逢的机会，飞速赶到。秦人纪律严明，作战勇敢，与其他诸侯一起很快平定了犬戎之乱。周王室与众大臣紧急磋商，拥立申侯的外孙、原太子为周平王。周平王宣布迁都到雒邑（今河南洛阳附近），这标志着西周结束，东周开始。

周平王东迁雒邑，只有秦襄公率领他的非夷非汉、亦夷亦汉的队伍护驾前行，表现出只有"附庸"地位的秦人的赤胆忠心。正因为这次"勤王"和"护驾"有功，给秦人的政治地位带来质的变化。

公元前771年，周平王封秦襄公为诸侯，赏给其岐山以西的土地。从公元前11世纪西周初年开始，到公元前771年，长达四百多年，秦人终于从奴隶成了将军，正式建立了秦国，结束了"附庸"地位，取得了与中原诸侯平起平坐的资格。

此时的秦国却是一个尴尬的角色：中原人眼中的秦国依旧是夷狄，而夷狄眼中，秦国已经是周的诸侯了。

历史上的秦襄公是一位深谋远虑之君，他要从戎狄手里夺回周平王分封给他的土地。他不仅要征服西戎，他还要征服中原。这是"任重而道远"的使命，"路漫漫其修远兮"，历史，拉开了"大一统"东方帝国的序幕。

公元前659年，秦国历史上一位雄才大略的国君秦穆公登上了政治舞台，他选贤任能，西进东出，几定秦室，并国二十。秦国由此得到了空前的发展。

自公元前361年起，秦国历史上的黄金时代终于到来。秦孝公于这一年即位，开始秦国变法图强的大计。商鞅变法，秦国开始强盛，走出了函谷关，秦历代先人的东进之梦变为现实。

公元前337年，秦孝公之子秦惠王即位，任用公孙衍、司马错、张仪等人，取巴蜀，攻韩、魏，秦国终于攻进了中原诸国的土地。

函谷关

公元前 310 年，秦惠王之子秦武王即位。秦武王享国年短，但是依旧攻拔韩国宜阳，入周举鼎。

公元前 306 年，秦昭王即位。昭王在位长达五十六年之久，彻底削弱了楚国、赵国，打开了秦国一统天下的大门。公元前 250 年，秦昭王卒。

秦国统治者抓住了每一个发展自己的机会，从罪臣到附庸，从附庸到诸侯；从游牧辗转于西戎与周朝到拥有岐山以西的土地；从偏于西隅到占据崤山、坐拥函谷关，再到征服中原。秦始皇的先辈，使秦国一步步变得强大，以锲而不舍的精神为秦始皇的统一奠定了雄厚的基础。秦始皇之所以能够成功登上皇帝的宝座，不仅靠他个人的威武英明，更为重要的是依靠了先祖所开创的雄厚基业。秦始皇正是"奋六世之余烈"，才能"振长策而御宇内"。

公元前 246 年，年仅 13 岁的嬴政即位，这位"统一之神"开始登上历史舞台。公元前 221 年，秦始皇终于统一了天下，秦人的事业达到顶峰。

第二章　天降英雄

第一节　商人谋国

吕不韦

　　说到秦始皇，总是要提到另外一个人，一个中国历史上最著名、最成功的大商人，这个人就是大名赫赫的吕不韦。

　　吕不韦天才地策划了或许是人类历史上最有创意的商业计划，并获得了完全的成功，经营的项目竟然是人类历史上最伟大的"大秦帝国"。

　　秦始皇是秦庄襄王的儿子。秦庄襄王原名异人，是秦昭王的孙子、秦孝文王的儿子。他当初作为秦国的质子，被送往赵国当人质。一个无足轻重、本来是毫无希望登上秦国王位的质子，在吕不韦的天才经营下，变成王位的继承人，最终登上王位。

　　"质子"，即人质。当时各国战乱，弱国为了取得强国的信任就派人质到强国作为抵押，多为王子或世子，故称为质子。有时强国为了取得弱国的服从和支持，也遣子为质。异人被送往赵国当人质，就属于这种情况。

当时秦昭王还在位，秦孝文王还只是太子而已，被称为安国君。安国君的妻妾很多，有子二十余人，异人排行居中。异人的母亲不受宠，在安国君的众多儿子中，异人无足轻重，因此才会被送到赵国当人质。

异人到了赵国以后，秦国的政客无人再关心这个客居赵国的公子。后来秦国违背盟约，数次和赵国交战，异人受到牵连，不仅得不到正当的礼遇，还遭到憎恨和奚落。同时，秦国给他的资助也很少，异人生活得非常窘困清贫，过着受人冷落、遭人白眼的生活，完全成了一个流落异国他乡的寒酸公子。

吕不韦是异人的贵人；异人也是吕不韦的贵人。

吕不韦原是卫国濮阳人，后来成为阳翟巨商。他非常有经济头脑，专门从事投机生意，通过在各地往来、低买高卖，最终家财万贯、富甲一方。

后来吕不韦来到赵国都城邯郸，偶然见到了贫困落魄的异人，认为他是"奇货可居"，决定利用异人，来谋取比寻常买卖获利大得多的利益。

作为一个成功的商人，吕不韦经常往来于各国都市，对各国政局都很熟悉。他清楚地知道，经商虽可致富，获利百倍，但是一个商人，在当时重农轻商的社会，毕竟地位不高。如果他帮助异人成为秦王，虽然投资巨大，而且风险也很大，但是获得的利益却是寻常生意无法比拟的，不仅可以权、财两得，还可以光耀门庭，甚至在历史上留下光辉的一页。

虽然吕不韦很有头脑，善于谋略，但是要真正把这个颇有创意的想法付诸实践，却是需要很大的勇气的。毕竟政治投机不像做生意，生意输了，可以卷土重来；政治上的投资，一旦失败了，就可能把自己的命也搭进去了，甚至会遭到灭族的危险。

帮助异人登上王位，不仅是极大的冒险，也是一场生死攸关的政治赌博。要敢于做这个决定，不仅需要极具诱惑力的利益上的驱动，还需要强大的心理承受力。

吕不韦经过深思熟虑之后，想听取父亲的意见，以证明自己的想法的现实可行性，于是他去同父亲商量。

他问父亲："种田耕地一年能够获利多少？"

"大约获利十倍吧。"父亲回答。

"那如果投资经营珠宝首饰的买卖呢？"

"最少也能获利百倍，你问这些做什么？"

"儿想再问，如果投资于政治，立君主，定国家，这又能获利多少？"

"那就无法估算了。"父亲回答。

于是，吕不韦把自己想要帮助异人登上秦国王位的想法告诉父亲，说："立君定国，利大无比，而且可遗传后人，其利润自然无法计算。我决心去结交异人，为他谋取秦国的君位，以使我吕氏家族飞黄腾达。"

吕父感到事关重大，但具有远见卓识的他经过一番仔细考虑以后，认为不妨一试，便叮嘱儿子小心从事。

吕不韦获得了父亲的支持后，终于下定了决心去做这件事情。

于是第二天，吕不韦登门拜访异人，开门见山地对他说："我能使公子的门庭光大。"异人笑道："光大我的门庭？还是先光大你自己的门庭吧！"吕不韦郑重其事地说："公子有所不知，我的门庭要靠您的门庭才能光大。"

异人听了，知道吕不韦话中有话，便请吕不韦到府中就座，与他深谈。

　　吕不韦说："秦昭王已经老了，安国君为太子，说不定哪天就会继位成为秦王。我听说安国君的妻妾中，有一位叫华阳夫人的，深受宠爱。虽然她没有儿子，但是要立嫡嗣，非华阳夫人莫属。公子您排行居中，有兄弟二十多人。您不受安国君的重视，长期在国外做人质，一旦昭王逝世，安国君被立为秦国国君后，您根本没有与其他兄弟争夺太子之位的希望。"

　　异人被说中了心事，说道："是啊。可是我能怎么办呢？"吕不韦说："我知道公子您客居于此很贫困，没有钱财疏通关系或者结交宾客。不韦虽然也不富有，但我愿意出千金为公子到秦国游说，疏通安国君和华阳夫人，让他们立您为嫡嗣。"

　　异人自然非常高兴，叩头拜谢道："如果您的策谋成功，我果真登上了王位，我愿分秦国的土地与您共享。"

　　于是吕不韦拿出五百金给异人，作为日常生活和结交宾客之用；又拿出五百金购买珍奇玩物，带着这些东西来到秦国游说。

　　吕不韦以政治、经济相结合的手段使异人成为整个事件中的一颗"棋子"，一个"砝码"。吕不韦在与异人的谈判中，从心理上抓住异人的想法，并以极具"煽动力"的语言说到异人的痛处；从经济上，吕不韦又以千金作为疏通各方面关系的经费；从政治上，吕不韦给异人指明了依靠华阳夫人来谋取嫡嗣之位的道路。

　　历史上不乏聪明才智之人，他们常常会有很多好点子，但是缺乏胆识，缺乏行动的勇气和魄力，因此往往不能把好的想法付诸实施。所以，一个人要成大事，不仅要善于思考，善于谋略，更要敢于冒险，敢于行动。否则再好的设想也只能是水中月、镜中花。

　　吕不韦来到秦国，没有直接求见安国君和华阳夫人，而是先拜访了华阳夫人的姐姐。吕不韦对她说起了异人的贤惠和聪明，说异人结交诸侯宾客，朋友遍天下，胸怀宽广，抱负远大。并说他身居异国，日夜思念安国君和华阳夫人，常说"华阳夫人就是他异人的天"，往往到深夜还在流泪，不能成眠。最后，吕不韦拜托华阳夫人的姐姐把异人的礼物和问候转呈给华阳夫人。

华阳夫人的姐姐来到华阳夫人的宫中，对华阳夫人转述了异人的情况，又转呈了异人给华阳夫人的厚礼。华阳夫人非常高兴，对异人开始有了好感。

华阳夫人的姐姐对华阳夫人说："我听说，用美貌侍奉男人的女人，一旦容貌衰老，男人对她的爱也就大大减少了。现在你侍奉太子，虽然深受宠爱，但你没有儿子，所以应该趁你容貌没有衰老时就早定主张，在各位公子中选择一位贤能孝顺的收作自己的儿子，把他立为嫡嗣。这样，夫君在世时你可享有双重尊重，夫君死后你的儿子为王，你也不会失势。如果你不趁自己风华正茂时早拿主意，等到容颜衰老，不受宠爱时再想开口说一句话，还能管用吗？"

"是啊，我也常想这个问题，彻夜不眠，茶饭不香，不知道该怎么办，如今姐姐提醒了我，妹妹终于茅塞顿开。"华阳夫人听后答道。

"如今诸公子中，异人最为贤孝，他自知排行居中，按次序当不上王位继承人，他的母亲又不受宠幸，所以他愿意依附于你，你若能在这个关键时刻把他扶持为继承人，就可终生在秦国得宠了。"华阳夫人的姐姐说。

华阳夫人听了，非常赞同姐姐的说法。

于是，华阳夫人就找了一个机会满脸悲凄地对安国君说："异人在赵国为人质，非常贤能有才，广交诸侯宾客，朋友很多，和他结交的人都赞誉他才德兼备。"当说到异人日夜思念太子时，华阳夫人满脸流泪道："臣妾能在后宫受到您的宠幸，是我的福气，不幸的是我没有儿子。

异人如此贤能孝顺，我愿收他做我的儿子，并把他立为嫡嗣，这样我也可以有所依靠。"安国君禁不住心爱女人的苦苦相求，最后答应了华阳夫人的请求，并与华阳夫人刻符为信，约定立异人为王位继承人。

　　紧接着，安国君和华阳夫人给异人送去大批钱财，并请吕不韦辅佐异人。从此，异人名声日盛，誉满诸侯。

　　吕不韦以攻心术在局势中占据了主动，他以利害相诱，一步步地将华阳夫人也变成了棋局中的一颗棋子，为异人争取了王位继承权。

　　异人被立为嫡嗣，吕不韦的天才计划就成功了一半。这笔交易的同时还伴随着一个天大的阴谋——就是嬴政的诞生。

第二节　赵姬生政

"千古一帝"秦始皇有着太多的秘密，其中最大、最离奇的秘密竟然是秦始皇的生身父亲究竟是谁？

对于秦始皇的身世，有一种说法是：他是吕不韦与赵姬的私生子。

就在吕不韦大做政治投机，广交豪绅之时，也没有忘记享受生活。吕不韦从邯郸女子中挑选了一位能歌善舞，姿容美丽的女子作为妻妾。因为这位女子是赵国人，史称赵姬。

然后吕不韦故意邀请异人到自已家里作客，并让赵姬出来献舞、献酒。异人看见赵姬当场就被迷住，趁着酒意就请求吕不韦把赵姬送给他。吕不韦故意装作生气恼怒的样子，把异人吓得满面通红，又羞又愧。其实赵姬此时已经身怀六甲，吕不韦故意装作不情愿的样子对异人说，我与你的关系非同一般，既然你真的非常喜欢赵姬，我也只好忍痛割爱，把她送给公子了。异人大喜，便带着赵姬回家了，但他对赵姬已有身孕的事却毫不知情。

如此看来，秦始皇的生身之父不是异人，即后来的秦庄襄王，而是吕不韦！他不应姓嬴，而应姓吕！这就是东汉史学家班固称秦始皇为吕政的原因。

据司马迁在《史记》里的记载，赵姬是怀了身孕以后，吕不韦才用计把她献给异人的。怀胎总有一定常规，"十月怀胎"。未满十月而生，吕不韦是他生父，超过十月而生，异人是他生父。按照这种常规，异人是他的父亲。可是除了常规，还有"大期"和"小期"，问题一下子复杂起来。秦始皇帝虽然"大期"而生，但是又怎么能排除他不是例外，不是吕不韦的儿子呢？

司马迁

秦始皇到底是异人的儿子，还是吕不韦的儿子，现在史学界仍有争论。著名史学家郭沫若认为"吕不韦献姬"，只是一种传说，不是历史！史学家马非百对司马迁的记载也提出了质疑！而学者荣真则对司马迁的记载积极支持。

秦始皇的"父亲"是异人，还是商人吕不韦？是是非非，难辨假真！但是，无论如何，吕不韦对秦始皇有再造之恩。异人子楚，如果不是经过吕不韦千般妙计、万端谋算，游说、行贿一起用，威胁、利诱齐上阵，说服了华阳夫人，感动了太子安国君，异人这个不在长子之位，母亲失宠，在赵国为质多年被人遗忘的"王孙"，是不可能当上太子，最后成为王位继承人的。

同时，如果不是吕不韦舍尽千金家产，贿赂赵国守城将官，将异人偷偷送出赵国，异人也是难以回到秦国继承王位的。

因此，吕不韦对秦始皇来讲意义重大。没有吕不韦，就没有异人的王位。没有异人的王位，又哪来秦始皇！可以说，没有吕不韦就没有秦始皇！

秦昭王四十八年正月，赵姬生下一子，这就是嬴政。因他正月出生，故起名为正，一作政。赵姬生子以后，异人将其立为夫人。

嬴政恰恰生在秦赵两次大战的间隙。这年正月，时值两国讲和息兵。但和平关系仅维持了数月，同年九月秦兵进攻邯郸，次年九月将邯郸包围起来。秦昭王五十年，秦将王齮指挥重兵发起强攻，邯郸危在旦夕。情急之中，赵国打算杀死异人。异人得到消息，与吕不韦商讨对策。吕不韦向防守官吏行贿六百金，助异人逃出邯郸城，投奔秦军，最后返回了秦国。赵国又打算杀死赵姬母子，由于赵姬是邯郸富豪之女，母子在娘家的深密掩藏下，竟躲过了杀身大难，存活下来。

异人回到秦国后，身穿楚国服饰拜访了华阳夫人，因为华阳夫人是楚国人，所以很高兴，便赐予异人子楚的名字。从此异人便又名子楚。

秦昭王五十六年秋，昭王死，太子安国君继位，是为秦孝文王。秦孝文王立华阳夫人为王后，子楚为太子。这时秦赵关系已经缓和，赵国就把赵姬母子送归秦国。嬴政在出生地邯郸度过了大部分的童年时光，9 岁的时候才回到秦国。

秦孝文王在位时间甚短。他先服丧一年，第二年十月正式即位，即位 3 天就驾崩了。接着子楚继承王位，是为秦庄襄王，并立赵姬为后。秦庄襄王一即位，便起用吕不韦做相国，封他为文信侯，并赏赐洛阳 10 万户作为他的食邑。

嬴政自然也就成为秦国太子，离秦国王位的距离只有一步之遥了。

秦庄襄王在位时间也很短，仅三年之久。公元前 246 年，13 岁的嬴政登上了秦国的王位。由于嬴政年少，还没有处理国政的能力，因此秦国政权就由秦始皇的母亲赵太后和相国吕不韦执掌。

第三节　性格成型

人人都有遭遇逆境的时候，有些人选择退缩，有些人则奋发图强。选择退缩的人难以成就大事，只有那些在逆境中奋发图强的人，才能够忍辱负重，不甘失败，抓住机会成就自己，最终获得成功。

虽然性格的形成不能完全归结于环境，但是早年的生活环境的确对一个人的性格有着很大的影响，俗话说，"近朱者赤，近墨者黑"，特别是恶劣的环境对性格的影响就更为突出。一个人的性格对其一生的命运都有着重大影响，因为性格因素无时无刻不在影响着一个人的决策和好恶，因此在很大程度上可以说：性格决定命运。

让我们再回过头来看看，吕不韦是一位千金大贾，异人虽然是一名质子，但是赵姬的生活环境也是不会错的。当然无论是吕不韦、异人还是赵姬，心神不安是不言而喻的。这种紧张和不安，无疑会传递给秦始皇这个未出世的人。吕不韦、异人和赵姬都是聪明绝顶之辈，这种遗传因子，必然会对他产生很大影响。他出生之后，秦、赵战争连年不断，作为质子的异人时时有生命之虞，难免忧虑、暴躁，所以当他的父亲或母亲在拥抱和呵护他时，这种情绪也会不知不觉地传染给他。

秦王政十九年（公元前228年），秦国灭亡赵国后，秦始皇专门去了邯郸，"诸尝与王生赵时母家有仇怨，皆坑之"（《史记·秦始皇本纪》语），那些曾经让他产生怨恨之人，尽皆被他屠杀，可见幼时的生活在他心灵上所留下的强烈印记。

可以这样设想，异人和吕不韦逃走后，一方面秦始皇得到了他母亲和母亲家人的无比宠爱，同时也受到赵国统治者以及军卒的威胁。这两种截然不同的待遇在他的幼小心灵中产生出深深的爱，同时也产生出深深的恨。当他受到威胁不得不四处东躲西藏的时候，他的母亲和亲人一定会私下告诉他其帝王的家世和他无量的前程，这一切真是天壤之别。

一方面是外界的挤压，环境的恶劣，另一方面是家人的呵护和内心的喜悦，他那少年老成、坚韧不拔的性格不断形成。这种性格的形成不是一次性完成的，而是像油画那样一层一层地涂上去的。

《史记·吕不韦列传》记载：

> "赵欲杀子楚妻、子，子楚夫人，赵豪女也，得匿，以故母子竟得活。"

一个"匿"字，一个"竟"字，把秦始皇在赵国的那种艰难险境活灵活现地表现出来。

婴幼儿时代是人的性格形成的重要时期，人们常说，"三岁看到老"。秦始皇9岁以前一直处在这种环境里，所以他有一种坚韧不拔的品格，疾恶如仇的心性。为了达到憧憬中的理想，他曾不止一次忍受着痛苦，逃过不止一次的追捕，他为了不发出声响，可以忍着不咳嗽，不出气，但是他幼小心灵中一定会不止一次地想：将来一定要报仇雪恨。从遗传和文献资料分析，秦始皇的外表是讨人喜欢的。有人对他爱之如命，如她的母亲，他的亲人们；有人对他恨之入骨，如那些可恶的赵兵，或者她母亲家的那些有怨者。

　　这种环境影响着秦始皇的一生。他为了渡过眼前困境，可以忍气吞声，为的是实现自己的梦。尽管关于秦始皇幼年生活记载可以说是一片空白，但是从以上分析可以得出，秦始皇一生都在为实现理想而奋斗，他是一个健康正常的人。他少年老成，充满了对亲人的依恋和对敌人的仇恨。这是秦始皇性格和心理形成的外因。

　　秦始皇性格坚强残暴，工于心计，但不乏人情味。他因为宠爱少子胡亥，带着他出巡天下，这才给胡亥创造了一个机会。但是他并不因为宠爱胡亥，就把近在身边的胡亥立为太子，而是下诏书命远在上郡的长子扶苏主持丧事。

　　当时胡亥已经20多岁，比秦始皇即位时大出了10多岁，可见秦始皇分得清楚什么叫情爱，什么叫政治。

　　秦始皇的母亲曾与他相依为命度过了童年那艰难的时光，他对母亲有一种深深依恋之情。当他的母亲与嫪毐叛乱，他果断地驱逐了她。可是茅焦劝谏之后，秦始皇立即迎接母亲回咸阳。

　　秦始皇于吕不韦也并非全无温情。牵涉叛乱之案，依照秦国连坐之法，吕不韦死罪难逃，可是秦始皇只罢了他的相位。秦始皇已经大权在握，但是他并没有杀死吕不韦，而只叫他迁蜀。

　　秦始皇的人情味，还表现在对待徐福、李信等人身上。历来

秦始皇

人们都认为秦始皇杀人不眨眼，可是事实并非如此。秦始皇统一天下之后，没有杀死一个功臣，这是他的人情味的表现。

秦始皇的性格决定了秦王朝的命运。

秦始皇一生下来就是一个战争难民，由于战争因素，外部环境逐渐恶劣，不得不四处东躲西藏，但是他得到了母亲和亲人的庇护，心目中时刻瞄着那随时可能实现的辉煌前程——回到秦国，所以他忍受了外界的压力，少年老成、工于心计，心中充满了对敌人的仇恨，对前程的渴望。不久他的渴望得以实现，但是他的坚定而凶残的性格已经形成，这种性格影响了整个大秦帝国的进程！

统一了天下，打击匈奴，修筑了驰道、长城，他仍不满足，还要去征服死亡……

长　城

第三章 集权在手

第一节　借刀杀弟

英雄造时势，秦始皇的性格特点成了影响秦王朝命运的重要因素。

嬴政虽然继位了，可是对他的王位有一个潜在的威胁人物，那就是他的弟弟长安君。

嬴政看到了，吕不韦当然也看到了。吕不韦那种谋算周详的人，是绝不会放过任何潜在的威胁的。

吕不韦

秦始皇深知要掌握自己的命运，就必须把权力全部掌握在自己手中。只有把权力全部握在自己手中，才能让他内心踏实。

善于谋略的人，常常能够假他人之手除掉自己前进路上的障碍。"君子善假于物也"，这种借刀杀人的计策，可以毫不费力、悄无声息地借助他人的力量来达成自己的目标，是非常高超的智慧。

同时在触及自己的利益时，有头脑的人会抓住机会，即使表面上跟自己没有关系，也可以巧用智慧，借题发挥，顺藤摸瓜，除掉可能的竞争对手和障碍。

公元前 239 年，嬴政 20 岁，他的弟弟长安君带兵伐赵，居然降赵叛秦。其中原委，史书中记载得十分简略。

《史记·秦始皇本纪》只记载了：

"……八年，王弟长安君成蛟将军击赵，反，死屯留，军吏皆斩死，迁其民于临洮……"

自嬴政登位以后，吕不韦就独揽朝政，曾于公元前 244 年和 243 年攻打韩、魏，夺取了大片土地，建立东郡，切断了魏、赵地面上的联系，并对韩、魏构成了半包围形势。由于东郡截断了"山东纵联之腰"，所以，东方五国韩、赵、魏、燕、楚于公元前 241 年曾联兵伐秦，但是很快就被秦国挫败。东方诸侯的最后一次"合纵"拒秦，无功而返。

吕不韦对东方五国的这次"合纵"极为恼怒。秦王政八年，上党郡六城反叛，并杀死秦所派驻的地方长官。

吕不韦建议长安君成蛟率兵征讨，嬴政准其所议，派精兵 10 万由成蛟为将，带军伐赵，原有上党前线军队，也交由成蛟统一指挥。其实长安君只有 17 岁，年纪较小，根本没有带兵能力，让他带兵，实际上是让他去送死，用上党的叛军之刀杀害王权竞争中的对手。

17 岁的长安君，对行军打仗一窍不通，常与将军樊於期讨论兵事。樊於期平常就十分痛恨吕不韦的献妾盗国、移花接木之举。一日，他让长安君摒去左右，备言吕不韦之事，然后说："今秦王并非先王骨血，你才应该是王位继承人。吕不韦如今令你带兵伐赵，暗藏祸心，其实是害怕有一天他的事情败露，你会与秦王为难。所以他现在表面上重用你为将，实际上却是要把你逐出王宫，或者战死在战场上。而且吕不韦经常出入宫禁，与太后私通日久，他们夫妻父子聚在一起，所忌讳的人就是你。如果你这次出师不利，吕不韦将借此降罪于你，轻则削籍为民，重则杀戮诛灭。先王天下，将变吕氏之国。天下人都知道此事，你不可不作长久打算。"

长安君说："不是将军说明，我至今不知。事到如此，应该怎么办呢？"

樊於期说："如今蒙骜兵被派外征伐，紧急之间，不可马上回来。而你手握兵权，如果传檄天下，列数吕不韦淫人之罪，臣民百姓谁不愿意奉真主而重建社稷？"

长安君忿然按剑而立，说："大丈夫有死而已！怎能屈膝于商人之下？愿将军为我出谋划策！"

樊於期立即派使者告知蒙骜说："征赵后军即日前往，多蒙将军用心准备。"

使者走后，樊於期即替长安君起草一篇檄文：

> 长安君向国内外臣民百姓宣告：国家社稷传承继续之根本，全在于血统的延续。颠覆宗庙社稷之罪过，莫过于玩弄阴谋，移花接木。文信侯吕不韦，本乃阳翟商贾。如今窃取国家权力。现今国王政，并非先王血脉，乃吕不韦之子。吕不韦先用已孕之妇引诱先王，然后献上。一个私生之子，竟成先王血脉。吕不韦行贿施计，把奸贼作功臣。两代先王之死，皆系吕不韦所为，这岂能令人容忍？

> 秦国社稷面临危亡，神人共愤！我幸为先王嫡子，请求神灵助我杀尽这等逆贼。

> 先王的子孙臣民，记住先王恩德，和我一同战斗，共扶大秦伟业。

檄文所至，大家磨刀擦枪，做好准备，我的大军一到，大家一起杀敌！

樊於期派人四下散布檄文。与蒙骜一起攻打赵国的张唐知道后，连夜飞驰咸阳禀告秦王政。秦王政立即召来吕不韦商议。

吕不韦说："长安君年幼无知，可以存而不论。此事乃樊於期主谋，发兵征讨即可。樊於期勇而无谋，不堪一击，大王不必过虑。"

吕不韦于是令王翦为将，兴兵10万讨伐。

秦将蒙骜与赵军在尧山相持，久等长安君接应不到，突然接到檄文，不觉大惊失色，思量："我和长安君一同出征，而长安君却反叛了。如果不调转刀枪，扫平叛逆，又怎能开脱罪责？"于是传令撤兵，分三路而退，自己亲自断后，缓缓撤离。

赵将得知蒙骜退兵，忙挑选3万精兵，令部将带领伏击，埋伏于太行山丛林野草之中，专门叮嘱："蒙骜久经沙场，老谋深算，必然亲自断后。汝等放过前军，打击后队，必然获胜。"

蒙骜大军经过太行山侧，大半已过，不见动静，于是催军前进。突然一声炮响，赵军从丛林中杀出，两军混战良久。赵将率大队人马赶到，秦军寡不敌众，斗志全无，只得四散逃命。秦国一代名将蒙骜被赵军乱箭射死。

那边，大将王翦带着10万大兵征讨长安君，长安君胆战心惊。樊於期说："王子您如今已成骑虎之势，岂有复下之理，凭借我们三城十五万兵力，奋力作战，胜负难料，何惧之有？"

于是，樊於期列阵于城下以待王翦。王翦军到后，陈列对阵。

王翦对樊於期说："大王何负于你，你为何引诱长安君反叛？"

樊於期回答道："谁不知道秦王政是吕不韦奸生之子。我世代受国家恩泽，怎能容此叛逆？长安君系先王血脉，本当继承大统！将军应该感念先王恩德，和我们共同杀回咸阳，杀死奸夫淫妇，废掉篡逆之君，重建大秦社稷！"

王翦怒而骂道："太后十月怀胎才生下大王，先王尚未怀疑，你却在这里胡说！你犯下造谣诬蔑之罪断应满门抄斩，还在这里继续花言巧语，动摇军心。待我擒拿于你，必定碎尸万段。"

樊於期大怒，圆瞪怒目，挥起大刀，直杀入秦军阵中，左冲右突，如入无人之境。

王翦指挥军队数次包围，均被他冲破。秦兵死伤甚众，当晚交战双方各自收兵。

王翦扎营已定，心中暗暗思忖："樊於期骁勇非常，一时难以取胜，宜用智谋破之。"忙对帐下将士说道："谁与长安君熟识？"

杨端和说："我曾在长安君门下做过食客，经常和他讨论问题。"

王翦说："我写一封信与你，你潜入城中送给长安君，劝他尽早归顺，以免自取灭亡。"杨端和说："我如何才能进入到城中呢？"

"等到双方交战之时，你趁收兵之机，穿上他们士兵的衣服，就可混进城去。你看到我们攻城猛烈之时，再去见长安君，长安君必然会心思动摇。"

当下，杨端和收好王翦书信，自去见机行事。

王翦分兵三路攻打三城，自己所率一支亲自攻打樊於期和长安君所驻扎的屯留之地。

樊於期对长安君说："王翦分兵攻打其他两城，如长子城和壶关城失守，秦兵势大，我们就难以取胜，要趁他分兵之际决一胜负。"长安君无奈，只得一切听从樊於期做主。

樊於期挑选万名精壮之士开门挑战，王翦佯败一阵，杨端和乘机混进城去了。

长安君问樊於期:"要是王翦人马不退该当如何?"樊於期说:"今日一战,已伤敌人锐气,明日全军出动,活捉王翦,打进咸阳,扶你为王,方遂我的心愿。"

王翦退军10里,深沟高垒,派兵把守险隘的地方,据守不战。又拨军两万,帮助攻打长子、壶关,令手下早传捷报。樊於期每日挑战,王翦只是不应。樊於期以为王翦怯阵,正商议派兵支援长子、壶关,忽然军士报告两城已被秦军拿下。樊於期大惊,急忙移师城外,安排长安君驻扎城中。

长安君听到长子、壶关失守,忙派人召见樊於期进城商议。樊於期说:"几天之内,我就跟王翦决战,胜则乘胜进军,败则退走他国。"长安君无计可施,只得答应。

樊於期回到城外军营,王翦率兵与之大战一场,樊於期虽然骁勇,但终因寡不敌众,败回城中。樊於期不分白天黑夜,亲自带兵巡察,不时出城外厮杀,但也只是苟延残喘。潜入城中的杨端和见秦军攻打猛烈,深夜叩见长安君,晓以利害。长安君全没主见,只是把杨端和留在身边,作为救命稻草,每日唉声叹气,惶惶不可终日。

樊於期驾车拜见长安君,告知马上出奔他国之事。长安君害怕回不了咸阳,犹豫不决,樊於期催促再三,请长安君早下决心。正好秦兵攻城甚紧,樊於期率兵出城死战。

杨端和陪长安君登城观战,只见樊於期左冲右突,非常艰难,最终人困马乏,抵挡不住,奔回城下,大叫:"开门!"

杨端和持剑在手,大声叫喊:"长安君已经降秦,谁开城门,格杀勿论。"随即取出降旗招展。众军已见取胜无望,尽皆不动声色。长安君做不得主,只有流泪的本领。樊於期长叹一声:"竖子不可辅佐!"复杀开一条血路,逃向燕国而去。杨端和大开城门,迎接王翦大军入城。长安君自杀身亡。

秦王政下令杀掉跟随长安君造反的士兵，全城百姓全部迁徙边鄙。又悬五城之赏，万金之重，捉拿樊於期。

一场兵变就这样"其兴也勃，其败也速"，成为历史上快速翻过的一页。

秦王政不仅借刀杀死了长安君，其所属军吏也尽皆斩首，还把屯留的百姓迁往临洮。临洮是秦国势力范围所能到达的最西边，可见处罚之重。

派年仅17岁的长安君带兵打仗，这一借刀杀人的计策，主谋当然是吕不韦。吕不韦不能容忍任何人破坏他辛辛苦苦得来的事业。因此任何潜在的威胁他都不会放过。而秦王政的借势发挥也是非常聪明的谋胜之术。他能够顺水推舟，借着吕不韦的计谋，除掉对自己王位有潜在威胁的人，并借势发挥，把长安君的余党全部根除，这样就保证了自己日后能够稳稳地将大权长期掌握。

第二节　车裂嫪毐

秦王政之母赵姬，即此时的赵太后，本来是吕不韦的妻妾。秦庄襄王死后，赵太后成了寡妇，当年的秦王政年仅 13 岁，于是，吕不韦长期与赵太后私通。

吕不韦的本性是唯利是图，他为了讨好秦庄襄王，可以把自己的爱姬送给别人；吕不韦深知，作为人臣的他，与太后私通，这样做的后果将是非常危险的。尤其是秦王政一天天在长大，纸包不住火，一旦事发，他呕心沥血建立起来的事业就将前功尽弃。因此理智告诉他，他必须摆脱太后的纠缠。再说他需要的只是女人，并不一定非赵姬莫属，于是他做了一桩等而下之的事，就是给赵太后寻找一个面首。

吕不韦派人四处搜寻阳具硕大的人，后来终于找到一个名叫嫪毐的人，此人原是市井无赖，为人阴诈。吕不韦先召他作为自己的舍人，然后老谋深算的吕不韦开了一次乐舞会，故意让嫪毐当众显示他那硕大的阳具。

嫪毐“阳具硕大”很快便传入了赵太后的耳中。“太后闻之，果欲私得之”（《史记·吕不韦列传》语）。嫪毐的本领就是“其阴关桐轮而行”，阳具大得出奇，因而得到太后“绝爱之”。

在得到太后的暗示后，吕不韦把嫪毐进献给太后。又和太后串通一气，用重金收买了主持宫刑的官吏，将嫪毐装扮成受过宫刑的样子，拔掉须眉，假充宦官，使其得以陪伴在太后的左右。

就这样，吕不韦以李代桃僵之计，摆脱了太后的纠缠，远离了危险。

不久，赵太后怀孕，恐被人发觉，就诈称神灵指示应当隐居避人，移居于雍。此后，赵太后与嫪毐纵情淫乐并先后生下二子。

这段历史在《史记·吕不韦列传》中有所记载：

> 始皇帝益壮，太后淫不止。吕不韦恐觉，祸及己，乃私求大阴人嫪毐以为舍人，时纵倡乐，使毐以其阴关桐轮而行，令太后闻之，以啖太后。太后闻，果欲私得之。吕不韦乃进嫪毐，诈令人以腐罪告之。不韦又阴谓太后曰："可事诈腐，则得给事中。"太后乃阴厚赐主腐者吏，诈论之，拔其须眉为宦者，遂得侍太后。太后私与通，绝爱之。有身，太后恐人知之，诈卜当避时，徙宫居雍。嫪毐常从，赏赐甚厚，事皆决于嫪毐。嫪毐僮数千人，诸客求宦为嫪毐舍人千余人。

嫪毐以淫乐博得了太后的欢心后，野心极度膨胀，与太后暗中商定，待秦王政一死，便令自己的小儿子继承王位，以享天年。后来他依靠赵太后的权势被封为长信侯，先得到山阳（今太行山东南地区）作为封地，后来又把河西（今陕西东南部）和太原（今山西中部）二郡更为毐国。

凭借太后，嫪毐由一介庸夫扶摇直上，变成了秦国十分显赫的权贵。有了这样的实力，嫪毐开始结交官吏，网罗党羽。据史料记载，当时的卫尉竭、内史肆、佐弋竭、中大夫令齐等二十余人皆投于嫪毐的门下。愿为嫪毐舍人者，更是趋之若鹜，至于嫪府的家奴，竟达数千人之多。嫪毐放纵欲为，宫室、舆服、苑围、驰猎，任意排场，眼中根本没有国家和君主。

嫪毐的政治、经济实力极度膨胀，权势的显赫使他的政治野心进一步扩张，他开始干预起国政来。据《战国策》记载：嫪氏集团的影响已遍及了整个秦境，其实力足以和相国吕不韦并驾齐驱。

于是秦王朝内部形成三股强大的政治势力：以秦王政为首的王党，以吕不韦为首的相党，以嫪毐为首的后党。秦王政未亲政以前，相党与后党形成对立。不过吕不韦不动声色，只是静观其变，等待机会再求一逞。

秦王政面对相党和后党两集团的嚣张气焰，也未动声色。

嫪毐侍从成群，家奴千人，宫室车马，田园游猎，卖官鬻爵，结党营私，无恶不作，完全忘记了他是一个什么货色。真可谓"得意忘形"。因此，篡国之心日甚一日。然而嫪毐恶贯满盈，末日将临。

日月如梭，光阴荏苒，在激烈的斗争中，秦王政已长大成人。

秦王政九年（公元前 238 年），赢政已 21 岁了，按照当时的古代传统，秦王室要为他举行加冕典礼，地点选在雍城。

雍城因邻近雍水而得名，距咸阳数百里，地势高远，为秦的故都。当年的秦穆公，就以雍为基地，扩疆千里，遂霸西戎，成为春秋五霸之一。

因雍城曾经是秦国的故都，秦的祖先曾在此经营了近三百年，所以，这里的城市规模宏大，街道整齐，市面繁华。因此，秦的宗庙也建在这里。秦宗庙是城池中建筑最严整的建筑群。据后人考证，建有都宫门、中庭、祖庙、昭庙、穆庙、胜国之社等宏伟建筑。加冕典礼要祭祖庙，所以秦王政自然也要到雍城这里来。

加冕这一天，在隆重的仪式中，秦王政走进宗庙，在礼赞官的赞导下，秦王头戴王冕，身悬长剑，虔诚地向祖先行礼致敬。从此时起就象征着秦之命运将系于其身，秦王政将要亲政了，他要按照他的方式来治理国家，安抚百姓，统一天下。

加冕后，秦王政大宴群臣，自然少不了长信侯嫪毐。嫪毐整日与达官贵人饮酒、赌博，乐此不疲。到了第四日，他与中大夫颜泄边饮酒，边赌博。嫪毐连输数局，趁着酒兴赖账。颜泄也醉了，不知好歹，坚决不同意。

嫪毐抓住颜泄衣领，"啪、啪"就是几耳光；颜泄岂肯相让，也抓掉了嫪毐的帽子。嫪毐大怒："我是当今国王假父，你敢与我相抗。"颜泄一听，立刻酒就醒了一半，拔脚就逃。嫪毐随后紧追。正好碰上秦王政过来，颜泄吓得叩头请罪。

秦王政是机敏之人，一句话也不说，令左右把颜泄带到蕲年宫，一一细问其中缘故。颜泄酒已吓醒，死猪不怕开水烫，索性一五一十把嫪毐喝酒时的全部话语添油加醋地描述了一番，最后说："实际上嫪毐不是宦官，他假装受宫刑（即阉刑），偷侍太后，现有二子，深藏宫中，不日就要篡位。"

秦王政早有所闻，如今一听，愤怒非常。他认为机会难得，不趁此时除掉嫪毐，更待何时。他悄悄拿出兵符，着精细之人去令昌平君带兵速来雍城。

秦王政身边有两个内侍，平时多得太后、嫪毐赏赐金银，已成死党，急将如此重大的机密告知嫪毐。嫪毐此时酒早已醒了，正在那里品茗嬉戏，完全不知道发生了何等事情。听到密报，大惊不已。

事情败露后，嫪毐十分惶恐。现在秦王政还没有行动，在这平静之中隐藏的杀机，更叫人寝食难安，他感到恐惧了。恐惧可以促使软弱之人选择逃避，也可使丧家之犬狗急跳墙，进行垂死挣扎。

嫪毐想到他的靠山赵太后，就找到太后说："事已至此，只有调遣卫士攻打蕲年宫。"

太后问："守宫卫士会听我的命令？"

"用太后玉玺充当国王御宝，谎称'蕲年宫有贼'，秦王下令救驾。"嫪毐答。

太后没有了主意，一切依嫪毐而行。嫪毐用太后玉玺急调各宫卫队和附近县乡农民，直到次日上午，才把蕲年宫包围起来。叛军由卫士、宫中骑兵、少数民众和嫪毐的门下食客仓促组成，企图进攻蕲年宫，杀死加冕后未走、尚住在雍城蕲年宫的秦王政。

在这个十分危急的时刻，越是危急越能表现出一个年轻政治家的风范。秦王政听到传报后马上采取了果断的措施，他命令前来救驾的昌平君和昌文君调集兵马，先发制人，进攻嫪毐。

昌平君、昌文君是他亲手培植起来的亲信，忠实可靠，犹如两把锋利的剑握在双手，不到危难时刻，他是不会使出这对杀手锏的。

两军战于咸阳城外，原本平静的咸阳顿时金戈铁马，杀声震天。

秦王政威风凛凛地登上城楼，喝问军卒何事吵闹。

一将领回答说："长信侯说这里有贼，前来救驾！"

秦王政大声喝道："长信侯就是贼！"

嫪毐的军卒一听早散去一半，胆大的则调转枪矛与嫪毐的家丁混战起来。

秦王政为了激励诸将士们平叛，传令：生擒嫪毐，赏钱百万；献上首级，赏钱五十万；杀死死党一名，赏爵一级。不论何人，赏赐全同。

重赏之下，必有勇夫。一时间，宫内宫外，官员、伙夫、马夫、百姓以及闲杂人等，一拥而上，追杀嫪毐的死党。结果叛军还未出咸阳，就被打得人仰马翻、四处溃散，嫪毐等人更是狼狈不堪。

表面声势强大的嫪毐，政治和军事实力远远逊于他在后宫的丑恶勾当。他组织起来的乌合之众，怎能阻挡得了训练有素的秦王正牌军？

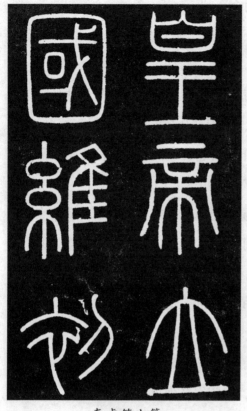

秦虎符小篆

就在嫪毐夺路逃出雍城西门时，遇到昌平君的大兵堵截，结果被活捉归案，随从死党，也无一人漏网。

成功者善于忍耐，等待最佳时机。一旦时机到来，就绝不手软，坚决出击。正是"机不可失，时不再来"，因此，准确把握时机，毫不留情，果断出击，是成功者必备的素质。当机遇不成熟时，要学会不动声色，掩藏自己的想法，麻痹对手的注意力，暗暗积蓄力量，然后才能一击必胜。

对待自己的敌人，秦王政第一次显示出了他的残酷手段，他下令：车裂嫪毐，夷灭三族。嫪毐被重新阉过，伤愈之后，使其赤裸游行与城内，让世人目睹其阳物早已不复存在，故有关太后淫乱之言便不攻自破，然后被车裂而死。并将嫪毐集团的骨干分子，如卫尉竭、内史肆、佐戈竭、中大夫令齐等二十余人，一律斩首示众。对于那些追随嫪毐多年的小角色，一部分被处以三年劳役，其余4000多户家族，被剥夺爵位，强迫他们迁往房陵（今湖南房县）。

嫪毐集团就此瓦解。对于生母赵太后，秦始皇也没有轻饶，不仅把她与嫪毐生的两子装入麻袋，乱棒打死，同时将她幽禁于雍城的青阳宫。

对秦王政幽禁生母，棒杀同母兄弟的疯狂行为，大臣们纷纷准备劝谏。正值遇到大寒，气温急剧下降，冰天雪地，百姓冻死无数。先后为太后说情者 27 人，都一一被杀。其中说情的大夫陈忠被剥去衣服，置于蒺藜上，活活打死，陈尸阙下，以作警示。

茅焦，沧州人，游历天下，初到咸阳，偶闻此事，细加分析，分明知道深意，故而愤然宣称："儿子囚母，天翻地覆，岂有此理！"于晨五鼓时分，直到殿前，伏地大哭："下臣齐客茅焦，情愿上谏大王。"

秦王政命大臣前去查看，并问："齐客因为何事劝谏，是否与太后之事无关？"

"正是为此事而来！"茅焦答。

大臣回报："此人果然是为太后之事而来。"

秦王政嘱大臣："去指殿前堆放的尸体给他看！"

茅焦回答："天上有二十八宿，降生下凡，即为正人君子。如今已死二十七人，尚差一人，我之所以劝谏，就是为了凑足二十八宿之数。古圣先贤哪个不死？我岂是怕死之人？"

大臣回报，秦王政勃然大怒："准备鼎镬，我要活烹了他，看他哪来全尸，去凑二十八人之数？"

秦王政按剑而坐，龙眉倒竖，口吐唾沫，大叫："把那大胆狂徒拖进来烹杀！"

茅焦缓步进到阶下，再拜叩头，说："大王逆天行事而不自知，小人逆耳忠言而大王不愿听。呜呼，秦国大业！"

秦王政等了好一会儿没有听到茅焦言及太后之事，问："你到底欲说何事？先讲来与朕一听。"

"如今大王不是希望统一天下吗？"

"是！"

"如今天下之人之所以敬重秦国，不仅仅是武力使然，也因为大王是天下英雄之主。因此，忠臣烈士才四方云集于秦。如今大王车裂假父，实不仁太甚；囊杀幼弟，乃不友之人；囚母别官，不孝至极；诛杀劝谏忠臣，陈尸殿下，比桀、纣有过之而无不及。大王若想统一天下，而竟做出这等事来，又用什么去征服天下人的心呢？我的话已经说完，请大王烹了我吧！"

茅焦立即脱下衣服准备就烹。

秦王政听说后，心中早有主意，急忙走下殿来，左手扶住茅焦，右手挥了一挥："去掉鼎镬！"

茅焦说："大王悬榜拒谏，不烹我无法示信于民。"

听罢此言，秦王政下令左右收起榜文，命内侍给茅焦穿上衣服请上堂而坐。秦王政致歉说："以前劝谏的人，尽是数落寡人罪过，没有讲明国家存亡大计。上天叫先生开启寡人茅塞，寡人岂敢不恭心听从。"茅焦再拜稽首说："大王既然下听我言，恭请速备车驾，迎接太后返宫；殿下堆积尸首都是忠臣贤士骨肉，恳请以礼厚葬。"

秦王政立即下令收拾 27 人尸体，准备棺材葬器，合葬龙山之上，旌表为"会忠墓"。当日，秦王政亲临御驾，迎接太后还宫。

秦王政拜茅焦为太傅，授上卿爵。

秦王政刚刚亲政之时，正是树立自己大王的威严之时。因此敢于冒死劝谏，无视他的尊严的人，他是绝对不能容忍的。在杀死 27 个谏臣后，树立其威严的目的已经达到。在听了茅焦的劝谏之后，一方面秦王政珍惜这个人才，在亲政之后，正是用人之际，需要网罗人才，收买民心；一方面也是因为目的已达到，茅焦的一番义勇劝谏，正好让他有一个台阶可下，于是他在达到了目的之后，见好就收，而且还大大奖赏了茅焦，授予他爵位，充分显示了秦王政的掌控权谋的大智慧。

第三节　仲父恩怨

一国无二主，一山不容二虎。政治上已经成熟的秦王政与大权在握的吕不韦之间的斗争不可避免地展开了。年轻的秦王政再一次显示了权力斗争的天赋。

秦王政与吕不韦之间的矛盾，既有统治思想方面的，也有权力方面的，引发矛盾的导火线就是关于秦王政的"后父"问题。

嫪毐在被审讯时，招供说出他进宫之事全是吕不韦的主意。就这样秦王政抓住了吕不韦的把柄。由于嫪毐事件的败露牵连到相国吕不韦，秦王政深感吕氏集团对秦国君权的威胁，就打算乘机诛杀吕不韦，一并清除吕氏集团。但是，考虑到吕不韦曾辅佐过先王继位的卓著功勋，再加上为他游说的宾客辩士纷沓而至，均为他说情："吕不韦辅佐先王，有大功于国，嫪毐供词，仅是一面之语，不可因此就治吕相国的罪。"经过深刻的利弊权衡后，秦王政觉得吕氏不比嫪毐，吕不韦在秦国有深厚的根基，如果操之过急，反而会搬起石头砸自己的脚，因此，他暂时没有触动吕不韦。

秦王政继承秦国王位以后，吕不韦的权势进一步扩大。吕不韦不仅官居相国，而且拥有威望很高的"仲父"尊号。他不但食封大邑十万户，而且家奴万人，财力雄厚，是秦国首屈一指的富翁和政治暴发户。

当时各国盛行"养士"之风，魏国的信陵君，楚国的春申君，赵国的平原君，齐国的孟尝君，号称"四公子"，都有着数以千计的食客，名冠诸侯。吕不韦认为，秦国如此强大，养士反不如关东诸侯，这是秦人的羞耻。于是招养门客三千，让他们每人著写见闻，然后为他集论成书，这样秦国吕氏的书就可包罗天地万物古今之事，压倒东方诸子百家之说。这就是《吕氏春秋》。

吕不韦的黄老思想与秦王政的法家思想，是他们政治主张存在分歧的一方面。吕不韦在《吕氏春秋》之中主张清静自定、与民休息，体现出包容诸子百家的气度。而秦王政则一心追求五霸之业。当他看到韩非的《孤愤》、《五蠹》，立即惊呼："嗟乎，寡人得见此人与之游，死不恨也！"可以推想，秦王政十分反感吕不韦的那套治国方略。

韩 非

吕不韦主张"君虚臣实"，君主的任务是给臣子制定明确的职责，放手让臣子任凭他们的智慧和能力各尽其责，实际上是"无为而治"。简单地说，君主驾车，臣子拉车，各行其是。而秦王政却是一个事必躬亲的人，《史记》、《汉书》都有记载，说他做了皇帝依然"躬操文墨，昼断狱、夜理书"，真是日理万机，这一点与墨子的主张极为相似。吕不韦主张"无为"，秦王政主张"躬亲"，做起事来双方自然互相抵触。

吕不韦与秦王政的另一分歧是对国家体制设置的看法。吕不韦主张分封制，秦王政主张郡县制。

吕不韦曾受秦庄襄王封号文信侯，食邑洛阳十万户，所以他主张分封制符合自己的利益要求。但是吕不韦所主张的分封制与西周的分封制并不相同。吕不韦的分封制是一种递级分封，他的具体构想是"择天下之中而立国，择国之中而立宫，择宫之中而立庙"，中央宗主国以方圆千里为准，然后四面辐射，形成一个递相管理的网络。

根据秦代的交通条件、交通工具、通讯设施等多方面因素，为了进行有效统治，这倒不失为一个可行的蓝图。但是秦始皇统一中国之后，实行的全部是郡县制，可见两人的政治主张是尖锐对立的。

吕不韦主张贤人政治，而秦王政却力主严法酷刑，这是两人的又一大分歧。

吕不韦在《吕氏春秋·用民》篇中说："威不可无有，而不足专恃。威愈多，民愈不用。"秦王政却专任狱吏，狱吏得以宠幸。赵高便是其中突出的一个例子。

因此，两人之间这些尖锐的对立，发展到一定阶段，必然会反目为仇，势所难免。

俗话说，一山不容二虎，一国不容二主。统一权力，把权力

吕氏春秋

全部掌握在自己的手中，是秦始皇统一天下、唯我独尊之前，不得不做、必须要做的事。

尽管吕不韦对秦王政意义重大，不仅是名义上的"仲父"，还可能就是他的生父，是秦王政真正的大恩人。可是秦王政要完全实现自己的意志，大权如果掌握在吕不韦这样的人手里，他是绝对不放心的。因为吕不韦在秦国长期地有心经营，以吕不韦的功绩、威望和才能，对秦始皇权力的威胁非常大。因此秦王政除掉吕不韦是必然的。当然秦王政与吕不韦政治主张上的严重分歧，也是秦王政必须除掉吕不韦的另一个重要原因。

除掉嫪毐集团的第二年，即秦王政十年（公元前237），秦王政已经牢牢掌握了国政大权，站稳了脚跟。相国吕不韦的问题也到了必须解决的时刻了。秦王政也知吕不韦对先王、对自己都有大恩，所以人可以不杀，但权力不能不夺，为了独揽朝政，他免去了吕不韦的相位，接着又把吕不韦遣出都城，命其回到他河南的封地洛阳居住。

可能是因为吕不韦为秦国所建立的功绩，赢得了人们的尊重；也可能是他所施行的内外政策，获得了较多的支持和理解，所以，即使吕不韦回到洛阳，仍有享不完的荣华富贵，列国听说吕不韦回到封地，纷纷遣使问安，争相授以相位，使者不绝于道。

《史记》中有这样的记载：

"诸侯宾客使者相望于道，请之。"

正是因为这个原因，吕不韦在洛阳的一年时间里，不断有诸侯、同僚、下属、宾客前来拜访，送礼请安，这当中也不可避免地谈论起一些国事。这些情况当然也传到秦王政的耳里，秦王政的内心开始不安起来，并且由不安逐渐转变为焦虑！秦王政看到了吕不韦在关东六国的影响力。他觉得吕不韦还有很大能量，他害怕吕不韦为其他诸侯国所用，对秦国造成威胁。

　　老奸巨猾的吕不韦自然早就明白秦王政的心思，知道自己面临的危险，做事当然滴水不漏，不让秦王政抓到任何把柄。究竟怎样给吕不韦定罪呢？权力斗争的天才自然是有办法的：史书上的记载是"恐其为乱"。说白了，就是我不放心。这确实是强词夺理，但是权力斗争的本质就是成王败寇，主动权在强者的手中。

　　秦王政亲自修书一封，派专使送达，书中说：

　　　　你有什么功劳，封赏十万户？你与秦国有何关系，号称
"尚父？"秦国给予你的赏赐实在是太多了。

　　　　逆乱，实由你起，寡人宽恕不诛，让你安享清福。但是你
不知悔过自新，又与诸侯私通，实在有失寡人厚望。你与全家
迁徙巴蜀，以一城给你养老送终！

　　吕不韦接到秦王政的书信，真实的心路历程后人已无从知晓。

　　他或怨怒："我破家舍财扶持先王，谁有我功高劳苦？太后先事我而有孕，你就是我的儿子，哪个比我与你更亲？大王为何如此忘恩负义？"

　　他或叹息："我本来是一位商人，阴谋夺人之国，淫人之妻，杀人之君，灭人之祀，这是上天对我的惩罚！"

　　他或欣慰："真不愧是我的儿子！真正成大事者理该如此。"

　　……

　　吕不韦饮鸩而亡，结束了天才商人的传奇人生。

　　吕不韦死后，他的许多宾客偷偷地为他办理丧事。秦王政知道后，又下令："凡是吕不韦门下的吊唁者，如原籍为晋地的，逐出河南，迫其迁回原籍；如果是秦地的，凡六百石以上为官者，一律消除爵禄，迁徙房陵。"结果把吕不韦全家男女老少籍没官府为奴。并大力搜查吕不

韦的宾客，有的驱逐出境，有的削夺爵位，有的流放边郡，同时还宣布："从今以后，如果有人再像嫪毐和吕不韦那样把持国道、图谋不轨，一律照此例籍没全家为奴。"

这一年，已是秦王政十二年（公元前 235 年）。从此，秦始皇大权独揽，彻底肃清了自己行使君权的障碍。在排除了后顾之忧后，他就把视线移向了统一关东六国的大业。

第四章 帝王权术

第一节　法、势、术

战国后期的韩国，建都新郑（今河南新郑县），其辖境包括今山西东南，河南中、南部地区。韩国西临强秦，北接赵国，东连魏地，南邻楚国，处于诸强包围之中，偏偏又无险可守，处境十分不利。

地势虽然不利，但韩国却处于天下的腹心，所以，战略地位十分重要。正所谓"咽喉之所在"。重要的战略位置，谁都想据为己有，为此，强秦灭韩之心久矣！

早在秦昭王时，秦相范雎就曾说过："今天韩、魏，中国之处而天下枢也。王若用霸，必亲中国以为天下枢，以威楚、赵。"意思就是：韩、魏处在天下枢纽地位，占领了韩、魏，南可威楚，北可逼赵。范雎的话虽不多，却切中要害。

韩、魏相比，首先取韩更为重要，范雎如是说："秦、韩两国，地形相错。秦东有韩，犹如木中生有蠹虫，人患心腹之痛。天下无变则已，有变，对秦的危害有谁比得上韩国呢？"

正因如此，韩已成为秦的眼中钉、肉中刺，必欲拔去而后快：

秦昭王五十一年(公元前256年)，秦武安君伐韩,下9城,斩首5万余众。

秦昭王五十二年（公元前255年），秦武安君伐韩，取南阳，断太行之道。

秦昭王五十三年（公元前 254 年），秦武安君伐韩，陷野王，切断了韩与上党郡的联系。

秦昭王五十五年（公元前 252 年），秦将攻韩，占上党郡。

在秦王政亲政之前，韩已被秦蚕食了大片国土，成了当时七雄中最弱的一国。秦王政亲政之后，在李斯、尉缭的辅佐下，所制定的统一六国的战略，首攻目标就是韩国。

秦王政十三年（公元前 234 年），秦将桓齮领兵伐赵，两军战于平阳（今河北磁县东南）。赵军主帅扈辄战死，士卒 10 万被杀，平阳陷落。

平阳硝烟未散，韩境内又狼烟四起，韩国又处于秦军刀光剑影的笼罩之中。然而，这次秦军压境，并未拔城夺地，只是提出一个要求：让韩王把一个在韩国无足轻重的士子——韩非交出来。

韩非何许人也？秦始皇为什么非要大动干戈索要韩非呢？

韩非，韩之"诸公子也"，是韩国贵族之后。他和李斯是同窗，同为荀况的学生，在学习"帝王之术"的同时，十分喜爱"刑名法术之学"，并下了很大功夫研究法家的学说，逐渐形成了自己的一套"以法治国"的理论。

学成之后，韩非回到故国，见自己的祖国十分贫弱，日渐衰败，外有强秦虎视，内有奸臣弄权，亡国之日指日可待，十分焦急。于是多次上书韩王，阐述自己对内政外交的看法。

然而，软弱无能的韩王不识人才，对韩非的意见置之不理。满怀爱国之心的韩非受到冷落，一身才华无处施展，内心十分苦闷。而且韩非又有口吃（俗称结巴），不善言辞，于是，便把满腔的悲愤和忧愁倾注于笔端，著书立说。

《史记·老子韩非列传》记载：

"韩非疾治国不务修明其法制，执势以御其臣下，富国强兵而以求人任贤，反举浮淫之蠹而加之于功实之上。以为儒者用文乱法，而侠者以武犯禁。宽则宠名誉之人，急则用介胄之士。今者所养非所用，所用非所养。悲廉直不容于邪枉之臣，观往者得失之变，故作《孤愤》、《五蠹》、《内外储》、《说林》、《说难》十余万言。"

韩非集法家学说之大成，以文泄愤排忧，以文针砭时弊，以文阐述主张。

不知何吏何臣使得韩非的文章传到了秦国，并且推荐给了秦王政。

秦王政看过《孤愤》、《五蠹》等文章之后，兴奋、高兴，又感遗憾！仰天长叹道："我若能见此人，与之来往，死之不恨啊！"

这时，站在一侧的李斯忙说："大王所览文章，是韩国的韩非所著。"

秦王政又忙问："韩非现在何处？"

"在韩国。"

于是，秦王政立即下令，兵发韩国，索要韩非。

在秦王政强大的压力下，韩王只得派韩非出使秦国，希望能借韩非的游说，缓和一下秦军的攻势，让韩国透一口气。虽然韩王安对这位学者身份的堂兄并不抱太大的希望，他总认为韩非只知道谈理论，本身并不通晓权变，而且性急口吃，有时说话会得罪人，但是既然秦王政如此看重他，那就让他去秦国好了，对韩国多少也有点儿利。

秦王政对韩非也是一见即有好感，但见他长得面目清奇，留着三绺清须、悬胆鼻、方口、长眉，一双眼睛黑白分明，充满着智慧的光辉，自有他的贵族气度。韩非虽不像一般辩者口若悬河，说话却也是条理分明，层次清晰，不兴奋激动的时候，口吃并不严重。不过意味着这人很容易兴奋激动，当然口吃的机会也就多了。与这种人辩论，最好的战术就是说歪理刺激他，最好是对他进行人身攻击，他就会气得一句话都说不清楚。这或许就是韩非口吃的真正原因吧。

究竟是什么让秦王政如此看重韩非呢？韩非的文章中到底写了些什么？为何能让一向骄横的秦王政看了之后如此动心呢？

韩非与尉缭不同。尉缭是一个军事家，行军打仗的行家，他的能力主要集中在军事上，关注的是统一及如何统一；而韩非是一个政治家，他懂得治国利君的道理。

韩非的学说是在继承前期法家思想的基础上形成的。他现存的作品达55篇，全部收集在《韩非子》一书中。

韩非政治思想的核心内容是加强封建专制的中央集权，这也许就是秦始皇所看重他的根本所在。他主张君权至上，"事在四方，要在中央，圣人执要，四方来效"（《韩非子·扬权》语）。全国的大事要事，权力应在中央，而中央之主，则是君王，所以，君主具有至高无上的权力，要想安国，必先尊王才行。

要想尊王，就必须维护中央的绝对权力，也就是加强中央集权。韩非总结了历代法家的学说，提出了法、势、术的主张，韩非提倡以法治国。

韩非所说的法，是指成文的法律条款，由中央及官府制定。法治的对象是君主以下的臣民。法治的目的是维护封建的等级制度，维护君主不可侵犯的绝对统治权威，使民不敢犯上，臣不能越轨。为此，不仅要制定法治，而且法要严厉，只有严刑酷法，才能令臣民生畏；臣民畏法，才不敢犯上作乱，才能维持国家的安定。

韩非在《有度》篇中，一再强调：奉法，则公行；公行，则国治。废法，则私行；私行，则国乱。为了保证法的实行，他主张"刑过不避大臣，赏善不遗匹夫"。要赏罚分明，有功者加官晋爵，有过者严加处罚。只有这样，才可以"矫上之失，诘下之邪"。

韩非在这里所谈到的不仅仅是法的问题，而是在法的规范下，不分贵贱，有才则用，有功必赏的用人制度。这与建立在血缘关系上的任人唯亲的儒家主张相悖离，确有进步意义。然而，他所说的法，首先排除了君主，而且法又是由国家所制定、颁布的。而谁又能把法治的对象对准自己呢？所以，"法不阿贵"、"刑过不避大臣"，只不过是说说而已，根本没有得到良好有效的执行。所以说韩非的动机是好的，然而实际上，法治的对象还是平民百姓。

为了巩固统治，只靠严法酷刑是远远不够的，还需要君主具有强大

韩非子书影

的权力，才能够保证有力地控制天下，而这个权力，就是他所倡导的"势"。

君主不可一日无势，以前的暴君之所以能够控制天下，不是因为他们贤能，只因他们有着令人生畏的权势；以前有的贤君之所以不能很好地治理天下，不是因为他们昏庸无能，而是缺少崇高的权势。所以，君主只有有了权势，才可以更好地使用法律这个工具，国家才能得到大治，即

"抱法处势则治，背法去势则乱"。

韩非在《韩非子·备内》中谈了自己的看法，即不可相信任何人，哪怕是自己的亲属也如是。他认为：

"为人主而大信其子，则奸臣得乘于子以成其私"。历史上，赵武灵王立其子为惠文王，臣子李兑便借保护惠文王为由，包围王宫，将赵武灵王活活饿死在宫中。这就是最好的例证。

"为人主而大信其妻，则奸臣得乘于妻以成其私"。历史上，伏施为骊姬谋划废立之策，害死了太子申生而改立奚齐，就是大信其妻的后果。

妻子儿女都不可信任，对于君主来说，别的人就更不可能信任了。只有这样，君主的权力和地位才可以巩固加强。才可以像雄狮一样用锋利的爪牙制服猎狗，驾驭自己的臣民。

韩非是一个"人性恶"的信奉者，在他看来，人的本性是好逸恶劳、趋利避害的，人们之间的关系是建立在一种相互利用的基础之上，所以说毫无信任可言。所以君主为治理好国家，不仅要以势强法，还要懂得战术谋略的运用。这谋略战术指的就是"术"。

所谓术，即权术。为了说明权术的重要性，韩非在《韩非子·外储说右下》中，曾不厌其烦地以驾车马为例，来阐述他的道理。

韩非子认为："国者君之车也，势者君之马也。无术以御之，身虽劳，犹不免乱。有术以驭之，身处逸乐之地，又致帝王之功也。"

国如车，势如马，没有驾驭马的技术，车自然就难行；如用术驾驭，身处悠闲，又可成就帝王的功业，岂不快哉。可见，权术在君主的统治中是多么的重要！

那么，权术是如何来运用的呢？

"爱臣太亲，必危其身；人臣太贵，必易主位；主妾无等，必危嫡子；兄弟不服，必危社稷"。与自己所宠爱的大臣过于亲近，必然会危及君的性命；臣子过于势大位尊，必然会篡夺帝王之位；正妻与妃子们之间贵贱不分的话，必然也会危及太子的地位；兄弟阋于墙，必然会危及社稷的安全。

他告诫君主，要藏于心，不外露，让臣民摸不到君主的底细。这样，臣民的一举一动都尽在君主的监视之下，而臣民对君主此刻在想什么却一无所知，使臣民永远处于被君主支配、驱使的地位。正所谓敌明我暗。

韩非是法家思想的主要代表人物，他把毕生的精力用在了对法、势、术的探索之上。为自秦王政开始的君王专制提供了理论基础。从历史的发展角度来看，这种理论划定了封建社会各等级的权利和义务，维护了国家的统一。

因此，秦王政一看到韩非的文章，就非常着迷，韩非所写的文章与他所想所要的是如此的相同，因此，使秦王政产生了强烈的共鸣。

像韩非这样的人才，他如何不要？为何不要？他知道人才才是统一天下、治理天下之根本，武力上有尉缭这样的军事家帮他一统江山，目前缺的就是像韩非这样的思想家。

这就是秦王政大动干戈率兵索要韩非的真正原因。

韩非来到秦国后，虽然得到秦王政的赏识，但却得不到重用。这是为何呢？

原因出在韩非试图以自己微弱的力量，在强大的秦国一侧，保留自己的祖国。韩非因此专门写了一篇文章，题目是《存韩》，顾名思义，就是指保留韩国。文章包括如下内容：

其一曰："韩事秦三十余年，出则为扞蔽，入则为席荐……且夫韩入贡职，与郡县无异也。"韩国臣服于大秦已长达几十年之久，如同秦的郡县一般，放着对秦国威害最大的赵国不打，为何要攻打韩国呢？

其二曰："韩，小国也，而以应天下四击。主辱臣苦，上下相与同忧久矣。修守备，戒强敌，有蓄积，筑城池以守固，今伐韩未可一年而灭。"大概意思是说秦国如果攻打韩国的话，韩国君臣面对强敌，必将上下同心，同仇敌忾，秦想在短时间内消灭韩国，是绝不可能的。

还曰："韩叛则魏应之，赵据齐以为援，如此，则以韩魏资赵假齐，以固其纵，而以与争强。赵之福而秦之祸也。"如果大秦攻打韩国的话，韩国必将奋起抵抗，到那时魏国也必将起兵而接应韩，这有利于据齐与秦为敌的赵国，助长了天下的合纵之势。这样做的结果只能是赵国渔翁得利，秦国韩国两败俱伤。

为了保存韩国，韩非将祸水引向了赵国。因为他是韩国臣民，所以会为韩国着想，事在情理之中。

天真的韩非遇到了秦王政，怎么可能因为一篇文章改变秦国的国策呢？

秦王政是何等人也？秦王政是那种做了决定就一定要施行的人。灭韩是秦几代君臣经过战争实践认定的，怎能轻易放弃！攻取韩、魏，南取楚，北定燕、赵，尔后伐齐，这是秦王政与尉缭多次制定的统一大略，又怎能轻易更改。他更不会把自己多年魂牵梦绕统一六国的夙愿因韩非的几句话而放弃。

在秦王政看来，对天下大势准确把握的韩非，写出这样的文章必有其用心，必有其不可告人之目的，至少不是真正跟自己一条心的人。为了证实自己的看法，秦王问李斯："爱卿对此文有何看法？"

李斯虽是韩非的同窗，可是怎能容忍别人成为自己前进路上的绊脚石呢？韩非之所以来秦国，想当初也是经李斯介绍的，如今引狼入室，怎能不使他耿耿于怀呢？再说，韩非所写的文章确实令人值得怀疑，难怪他会说："韩非来秦，主要是为了保韩，而为大王所用，那是其次。"

韩非不得重用，还有一个原因，那就是韩非曾经造谣，诽谤污蔑过别人。这个人是谋臣姚贾。

在尉缭协助秦王制定出统一总战略后，秦王便派出了许多谋臣携重金离间诸国。姚贾便在这一行人之中，完成任务后受到秦王的嘉奖，封其千户，位在上卿。韩非知道此事后，极不以为然。他面奏秦王政，对姚贾进行攻击：

> 大王，姚贾携重金出使诸国，历经数年，世资耗完，未必离间了诸国的关系。这是借大王的威信，用国家的资财达到了私交诸侯的目的啊，还望大王明察。另外，姚贾本是魏国的监门之子，却在魏国行盗。他曾在赵国为臣，后又被逐出。像他这样的人参与秦国的大计，难道能鼓励群臣效忠大王吗？

秦王政听后，也起了疑虑，于是罢了姚贾的官职。然后，召来姚贾细细盘问："我听说你用寡人的财宝去结交诸侯，有这等事吗？"

姚贾回答："有。"

秦王又问："那你还有什么颜面再来见寡人？"

姚贾说："曾参孝顺父母，所有做父母的都愿意把他当儿子；伍子胥忠于国君，所有做君主的都愿意把他当做臣子；贞洁的女子擅长女红，所有的男人都愿意娶他为妻。现在我效忠大王，大王却不了解，我不把财宝送到那四个国家，送到哪里去？假如我对君王不忠诚，四国的国君怎么信任我呢？夏桀听信谗言杀了他的良将，殷纣听信谗言杀了他的忠臣，致使他们的国家灭亡。如今大王听信谗言，那么就不会有忠臣了。"

秦王政又说："你是监门小吏的儿子，魏国的大盗，赵国的逐臣。"

姚贾又辩解道："太公望是齐国被妻子赶走的丈夫，朝歌无能的屠户，被子良驱逐的臣子，棘津没人雇用的佣工，可是周文王任用他却建立了王业；管仲是齐国边地的商贩，南阳穷困潦倒的平民，鲁国赦免的囚犯，可是齐桓公却任用他成就了霸业；百里奚是虞国的乞丐，以五张羊皮的身价自卖为奴，秦穆公任用他为相降服了西戎；晋文公任用中山国的盗贼，在城濮之战中取得了胜利。这些人（指太公望、管仲、百里奚、中山盗）都有不光彩的经历，为天下人轻视，英明的君主任用他们，知道他们能帮助自己建功立业。假若都像隐士卞随、务光、申屠狄等人那样，国君难道能够得到他们的效用吗？所以，英明的君主用人不应该挑剔他们以前的污点，不应该计较他们的过失，只考察他们能否为自己所用。因此，君主对能够安定国家的人，即使外面有诽谤的议论，不听信；对即使有高出世人的名声，却没有尺寸之功的人，不奖赏。这样群臣就不敢以无用的名声希求国君了。"

姚贾也是能言善辩之才，为表其忠心，列举了历史上许多帝王用人不疑的事例，并且强烈反驳了韩非对自己是"魏之大盗，赵之逐臣"的讥讽。

此事不得不让秦王对韩非的人品起了怀疑。这也许就是韩非不得重用的另一原因吧！

最后，姚贾与李斯联名向秦王弹劾韩非，说他来秦为韩而不为秦，有碍于秦国的统一大业，留着他有害无益，放之又等于纵虎归山。因此，请求秦王将韩非诛杀。结果，秦王听信了姚、李二人的意见，为免除后患，他下令拘捕韩非。在狱中，李斯用毒药逼死了韩非。

韩非虽然死了，然而，他所建立起来的专制统治理论，却成为秦王政统治的理论基础。因此，说韩非是封建专制主义理论的奠基人，一点也不过分。

第二节 酷法治国

说到秦始皇酷法治国，就不能不追溯秦国的法治传统。法治传统要溯本求源的话，还得自商鞅变法谈起。

商鞅，本姓公孙氏，卫国人，故原称卫鞅，后到秦国，因变法有功，被封15邑，号为商君，所以，卫鞅又被称为商鞅。商鞅自幼从师尸佼，好利名之学，是战国时期著名的法家学者。

商鞅学说核心有两点：一是治国之道不能因循守旧，应根据时事的变化而变化，只有提倡耕战，才是富国强兵之路；二是主张以严刑峻法治国，除国君外，"自卿相、将军，以至大夫庶人"，有不服君命、违国法、敢于犯上作乱者，一律"罪死不赦"（《商君书·赏刑》语）。

商鞅怀着这样的治国谋略，来到秦国，向当时的秦孝公毛遂自荐，希望得到重用，以一展才华。

当时的秦国，封建的生产关系虽已形成，但旧贵族的势力还相当强大，所以，从综合国力上讲，秦国是当时七雄中最弱的一国。

在当时兼并战争日趋激化的情况下，落后就意味着挨打，就意味着亡国。因此，秦孝公急欲要使秦国强大起来。要使国家强大，就需要人才，商鞅的到来，恰逢其需。

秦孝公赞赏商鞅的主张，任其为左庶长，负责制定和推行新政。

　　在秦孝公的支持下，商鞅前后进行了两次变法，打击旧贵族势力，巩固封建的政治制度，制定秦律，推行法制，设立郡县。秦国由此渐渐强大起来。

　　秦孝公死后，由于商鞅在变法中打击和削弱了旧贵族势力，所以遭到守旧势力的疯狂报复。秦惠文王即位后，将商鞅车裂而死，并诛杀了

商鞅雕像

他的全家。

商鞅虽然死了，但秦法犹存，各项政策依旧执行。秦始皇继承了这种法制传统，着手编纂秦王朝的法典。到公元前 227 年，法典的编纂工作已经完成。

简单地说，法典的核心内容就是：明确地奖赏，百姓就会互相劝勉；严厉地用刑，百姓就会看重法律。百姓看重法律，于是奸邪无从产生。所以，治理民众，要将奸邪消灭在萌芽状态中；用兵作战，要使人民衷心拥护。不需动用刑法，人民的行为自觉端正，这是天下大治；使人民团结一心，奋力参战，这样就会无往而不胜。有罪必罚，民众就安宁；赏赐太滥，奸人就会当道。所以，在治理民众的措施中，有罪必罚，是威权的首要措施，而赏赐太滥，则是乱国的要源。

秦国法典的编纂完成，加强了秦始皇的统治，有利于秦的社会稳定和经济发展，同时也适应了秦始皇统一天下的需要。

首先，皇帝具有绝对的立法权。只有这样，秦始皇至高无上的权力才能得以巩固，才能保证全国政令统一，封建专制主义集权的国家才得以建立与发展。

其次，法用于治民，也同样用于治吏。秦始皇的政令、法令，是依靠各级官吏来贯彻与推行的。所以，各级官吏就成了统治、镇压百姓的鹰犬。而各级官吏要完成自己的使命，就要得到皇帝所授予的一定权力。这样，如何控制与使用各级官吏，就成了秦始皇必须考虑的问题了。

根据秦律，在军事上奖励军功，凡是多谋善战的将士，都可以得到升迁与赏赐，在治国上，凡是有良好政绩与才华的文官，也同样可以得到任用与提升。

而对于"犯令"的官吏，也会根据程度不同而受到严厉的惩处。秦始皇镇压嫪毐、残杀两个同母异父的弟弟、逼死相国吕不韦都是最好的例证。

其实，各级官吏实际上都是秦始皇的耳目，他们只有履行自己职责的义务，而没有丝毫自作主张的权力，只能令出则行，令禁而止，誓死捍卫皇帝的绝对权威。

秦国法制的指导思想是"轻罪重罚"。例如：盗窃千钱与盗窃一钱，一律同罪；同父异母之男女通奸，死罪，抛尸示众。

秦法酷刑繁多，主要有如下所列：

腰斩：顾名思义就是指用刀把人拦腰截断。

枭首：指砍头。罪轻者，用快刀，一刀拿下，以求速死；罪重者，用钝刀，让其痛苦而亡。

弃市：指砍头后，死人的头颅将挂在城门，以首示众。

戮刑：先将人的四肢用利器割开，最后再开膛破肚，取出内脏。

磔刑：将死囚捆绑之后，用刀从鼻子开始，一块一块的割肉，头部割完之后，再割四肢，最终让人血流干，或疼痛而死。这种酷刑来源很久远，据说在夏朝就已经出现了。

车裂：就是我们常说的五马分尸。不过，具体还分为两种：一种是人死之后分尸；一种是人还活着，就将其分尸。

刖刑：指把犯人的双脚砍掉。这种酷刑也来源已久，据《左传》记载，齐景公当政的时代，就曾乱用此刑，造成了"屦贱而踊贵"（假脚价格上涨，而鞋子价格下降）的社会现象。

黥刑：是指在犯人额上刺字，然后再用墨将所刻字染黑的一种肉刑。秦代此刑使用较为普遍，上至官员，下至百姓，遭受黥刑者大有人在。

宫刑：是指"男子割势，妇人幽闭"，这是一种仅次于死刑的野蛮酷刑。它不仅使人致残，而且践踏了人的尊严，摧残了人的意志，使受刑者生不如死。

油烹：指把人扔到滚烫的油锅里炸了。

坑刑：指活埋。

绞刑：指吊死。

······

秦法还十分注重赏赐告奸，株连亲人。于是又出现"夷三族"、"夷族"等等酷刑。特别重赏检举揭发之人，更造成了法网的严密，真是一场人民内部的战争。一面重罚，一面重赏，再加株连，生活在那样的环境中，人民的痛苦可想而知。

秦始皇为了维护自己的权威，使得秦朝的法制比以前的任何时期都完备，比以前的任何时期都严酷。当然，这也给秦朝的快速灭亡埋下了伏笔。

第五章　能臣悍将

第一节　客卿李斯

什么最重要？人才最重要！在秦始皇的身边，聚集了当时最优秀的人才。秦始皇聚才、用才有方，君臣之间配合默契，相得益彰。这样便为文武权臣们提供了一个广阔的用武之地，使他们的智慧与才略发挥得淋漓尽致，在中国历史上留下深刻的烙印，甚至在一定程度上影响了以后两千多年的中国历史。

在有限的秦朝史料中，有一个人的名字出现的频率很高，他就是李斯。李斯，楚国上蔡（今属河南）人，是大儒学家荀况的学生。

李斯年轻的时候，曾在郡中当一名掌管文书的小吏，常见茅厕中的老鼠觅食污秽之物，又时时受人犬惊扰，惶惶然不可终日；再看粮仓中的硕鼠，居廊庑大厦之下，仰食积粟，无忧无虑。

李斯不是普通之人，平常的事情，难以引起平常人的思考，而对李斯却是触物生情，思绪万千，发出了这样的感慨："人或贤不肖，亦如鼠辈，与所处境地关系至大。"

李斯虽身处下层，却有着一股苦心钻营的潜能。他进一步推理，终于想通了这个道理：自己要想出人头地，获得荣华富贵，就必须想方设法提高自己的社会地位。自己身为小吏，正如这厕中之鼠，卑微、穷困，任何人都可以欺压自己，而自己又毫无还手之力。要想改变这种现状，就必须跻身于社会上层才行。可是如何才能跻身进去呢？看来只有具有真才实学的人，才有可能被君王所重用。于是，他决心辞去吏职，择地而处。

他风尘仆仆、长途跋涉，从他的家乡楚国上蔡来到楚国兰陵县（今山东巷山县附近兰陵镇），拜儒学大师荀况学习本领，同韩非一起学习帝王为政之术，企图通过学习帝王术来改变自己的地位。

荀况（约公元前 313 年—前 238 年），字卿，赵国人，是战国后期有名的儒学大师。大约在公元前 255 年，应楚国春申君之邀，来到楚国，做了兰陵令。

荀况继承了不少孔孟的思想，所以被称为儒家，但在他的学说中，又有许多与儒学相悖的内容，因而在历史上也有人称他为法家。

荀况与孔孟的思想区别在于，比如：孔孟主张"知天命"，而他反对天命、鬼神之说，认为人的命运，是由人来把握、来决定的；孔孟以为"人之初，性本善"，而他却认为"人之初，性本恶"；孔孟倡导"法先王"，而

荀 子

他却主张"法后王"；孔孟重礼，而他认为礼、法都很重要，认为人不可一时无礼，无礼则政令难行，但只重礼而无法也不行，无法，则礼也难以实现。

荀子的这种礼、法并重，德、行兼备的思想，为当时的统治者提供

了一套比较可行的理论基础。这就是当时所谓的"帝王之术",这也正是李斯所追求的真才实学。

斗转星移,几年的时间过去了,由于李斯天性聪敏,学习刻苦,再加之名师精心点拨,很快成为荀子的得意门生。荀子本来是儒学大师,但是李斯只看重他的帝王之术,对于儒家礼法从不重视。李斯致力于研究管仲、申不害、商鞅等人的著作和思想,学到了一身封建专制所必需的本领。这一切,对于他以后从政有着重大的影响。

学成之后,李斯反复思考自己将要到何处去。他认真分析天下形势,投奔楚国?楚考烈王昏庸无能,不会有什么好的前程;投身赵国?赵国战事连败;北燕东齐,也自顾不暇。山东六国皆兵弱国危,都不是建功立业的地方。放眼天下,唯有西方的秦国,国富民强,兵强马壮,犹如一只雄狮,正注视着山东六国的一举一动。于是他决定到秦国去。

李斯向他的老师告辞时说了一段意味深长的话,李斯慨然陈辞:"学生听说,得时无怠,理应急起直追。今诸侯倾力相争,游说者参与政事。秦国欲吞并天下,成就帝王大业,这正是智谋之士奔走效力、建功成名的时节。处卑贱穷困境地而不求进取,则无异于禽兽!"辱莫大于卑贱,悲莫甚于穷困。久处卑贱之位、困苦之地,非世而恶利,自托于无为,绝非士人真情。

综观九流中的士子,很多人都有李斯这种想法,只是偏偏打出"仁义"旗号,巧作掩饰;有的以退为进,曲线谋私……

李斯则公然摈弃礼义,不事虚伪,奋力图进,追求功利……

荀子见他满怀壮志,便放之西行入秦。

公元前247年,这年正值秦庄襄王病死,其子秦王政继位,由于年幼,相国吕不韦总揽朝政。

秦都咸阳一片忙乱,满朝文武忙完了丧事,又忙着操办即位典礼。

朝楚暮秦的李斯就是在这种形势之下来到秦国的。千里赴秦的他，没有机会入宫拜谒秦王政，于是他只得暂留客栈，静待时机。

相国吕不韦主持国政后，沿袭战国"四公子"做法，广揽天下名士。这对李斯来说是天赐良机。他经过一番努力，上下打点之后，前往相府，拜见相国吕不韦。吕不韦此时也正是用人之际，便让李斯作为一名舍人留在门下。

所谓舍人，不是官职，当时高官显贵的侍从宾客、左右亲信，都统称为舍人。

秦王政即位后，国内局势趋于平静。吕不韦经过与李斯几次交谈之后，发现这个小伙子很有才学，是个人才。所以不久便推荐给秦王政为郎。

所谓郎，是指既无官署，又无职务，地位也不高的人，但在当时的秦国却是备用官员。这样，李斯就有了接近秦王政的机会。

在此期间，李斯看到天下形势已发生重大变化：韩王入朝称臣，魏王也举国听命于秦。此年，虽有魏国信陵君率五国联军偶败秦将蒙骜，实为回光返照，垂死挣扎。秦对六国而言已呈压倒优势，应不失时机地出兵歼灭诸侯，促成帝业。因此，他想乘机进谏秦王政。可是秦王政并非轻易可见，他只能日复一日地苦苦等待。

一天，终于等到一个见面的机会。李斯一见到秦王政，就迫不及待地把他的"帝王之术"抛了出来。此时的秦王尚未亲政，正在相国吕不韦的辅佐之下学习为君治国的道理，尽管如此，他毕竟还是一国之君，听说李斯求见，他还是欣然应允。

李斯开门见山，直奔主题，他说："君子应当见机而行，不可错失良机。从前秦穆公成就了霸业，而未能兼并六国，究其原因，就是因为当时诸侯势力还很强，五霸迭兴，又尊崇周室。而自从秦孝公以来，周室日渐衰弱，诸侯间互相兼并，都有称雄天下之势。秦自从商鞅变法以来，国力日益强大。如今，诸侯畏服秦国，就像郡县畏惧中央一样。以秦国的强盛，大王的贤明，足可以消灭山东六国，建立不世之帝业，实现一统天下之壮举。现在正是千载难逢的好机会，如不抓紧布置实施，等到六国东山再起之时，相互联合，合纵攻秦，秦国就会处于危险之中……"

如此鸿篇大论，说得秦王雄心大起，嬴政听完后，大喜，立刻擢升李斯为长史，并遵照他的计谋，暗遣谋士、刺客游说诸侯；对各国大臣、名士，凡能用金币财帛收买者，便以重金结交；凡不能收买者，便以利剑刺杀。与此同时，又派名将劲旅追随其后，以武力相迫。从秦王政元年至九年（公元前246—前238年），史书所见，仅对魏国的大规模军事行动就有六次，对魏国进行了毁灭性的打击。由于这一正确策略的实施，秦王政才得以续六世余烈，振长策而御宇内。也由于这一政策的成功，李斯得以跻身于客卿之列。

客卿是春秋战国时代的一种官职，级别为卿，而受到客礼相待。秦国历史上很多外来人才都曾经获此职位，并得以建功立业、青史留名，如秦穆公时的百里奚，秦孝公时的商鞅，秦惠文王时的张仪，秦昭王时的范雎等人的情况就是如此。李斯终于由一个楚国布衣成为大秦上宾。

李斯以法家思想为主，兼蓄儒家一些思想而成的"帝王之术"在秦国得到了充分的运用。"灭诸侯，成帝业，为天下一统"的战略性构想将李斯和秦王政紧紧地连在了一起。李斯已经成为秦王政不可或缺的得力助手，更是秦王政智囊团中关键人物之一。

这时，秦国政治舞台的上空，突然飘来一团乌云，差一点断送了李斯的大好前程。

不过这件事虽给李斯带来了一段危险，同时也为他提供了一次机遇。

这件事发生在公元前237年，秦王政将他的母亲从雍城接回咸阳。

不久，由于秦国军事打击和收买双管齐下，山东诸侯，特别是韩、赵、魏三国的大片国土成了秦国的郡县。六国统治者惊恐不安，十分惧怕素有吞并天下之心的虎狼之秦。地处天下枢纽的韩国尤甚。昏庸无能的韩王安投秦王政喜爱大兴木土之好，制定了一条自以为能够"疲秦"之计。

韩王安派韩国水利专家郑国为间谍，游说秦国修一条从中山（今陕西泾阳西北）到瓠口（今陕西泾阳县西）的大渠，引泾注洛，灌溉农田，企图用这种方法来消耗秦国的人力和物力，致使秦国无力东进。这项对秦国来说十分有利的工程很快开展起来。快要完工的时候，郑国间谍的身份暴露了。

郑国的间谍身份暴露，秦王政打算处死郑国。

郑国说："当初我确是作为间谍来到秦国，然而此渠一成，会给秦国带来大利。我为韩国延命数岁，却为秦国建功万世，望大王深思。"

秦王本来十分痛恨郑国，但是郑国也有自己活命的妙计，他辩称水渠修成了，对秦国有很大好处，与其杀他，不如让他继续主持修完大渠。秦王政听从了郑国的辩解，继续让他主持修筑这条"郑国渠"。

这项全长300余里的水利设施，使4万余顷"泽卤之地"变成了沃野良田，关中因此更加富庶，为秦统一六国奠定了强大的物质基础。

不过，秦王政由此产生疑心，恐怕入秦的诸侯间谍还大有其人，便在宗室大臣的煽动下下了"逐客令"，要把秦国一切客籍人都驱逐出境。

秦王政认为，这项工程是前相国吕不韦批准的，完全是为了他的利益集团着想，因为水渠开成后，沿岸荒地变成良田，他的利益不知要增加多少倍。

再有，这项消息秦王政是由其他的渠道获得，而李斯却对此一无所知，表示他有所偏袒，知情不报，大大损害了秦国利益。

秦王政的结论是：

诸侯各国人士来秦，有的人是为了秦地新开发，有利可图，一心一意谋求自己的利益，贵为大臣，并不惜损害国家利益，利用职权，官商勾结，最好的例证是前相国吕不韦。

有的人是为各国充当间谍，受到秦国重用后，利用职位为各国游说或是提供情报，而对各国的动态则伪造情报，或是知情不报，譬如李斯。

有的更是非我族类，其心必异，得到权势阴谋造反，根本不想秦国对他的恩惠，嫪毐就是最好的例子。

秦王政如此分析，众宗室大臣纷纷发言，举出很多例子证明外国来的客卿个个靠不住。

秦王政毕竟年轻气盛，心浮气躁，再加之群臣的言论正合秦王政的心意，因此他只含笑让各大臣尽情发言，并不加以阻止。于是他不计后果地错下了逐客令。

李斯见多识广，深通治国大计，有安邦定国之伟才，他虽得到秦王政的赏识，但他却不是秦国人，自然在驱逐之中。李斯不甘心就这样失去自己的大好前程，于是斗胆向秦王政献上了有名的《谏逐客书》。

书中说：

我听说大王驱逐客卿，私意以为不足取。

让我们看一看秦国历史上客卿的功绩：

秦穆公招揽天下的贤士，从西戎那里得到由余，从虞国得到百里奚，从宋国得到蹇叔，从晋国得丕豹和公孙支；这五个人才，不是秦国人，但是穆公大胆使用，兼并二十余国，于是称霸西方。

秦孝公重用卫人商鞅，变法兴秦，移风易俗，国家富强，百姓殷富，诸侯亲服，人民安居乐业，挫败楚魏之兵，开辟疆土千里，直至今天国治兵强。

秦惠王采纳张仪的计谋，攻取三川，兼并巴蜀，占领上郡，收取汉中，扫平九夷，制服大楚，雄踞成皋险阻，分割肥沃土地，解散六国合纵之盟，迫使天下诸侯西面事秦，功勋一直影响到今天。

秦昭王重用应侯范雎，贬斥穰侯，驱逐华阳君，加强君主权威，杜绝下臣专权，蚕食天下诸侯，秦国因此成就帝王基业。

秦国的这四位君主，都是凭借客卿之力，才使秦国得以蓬勃发展。

由这些情况来看，客卿有什么对不起秦国的地方呢？假使这四位贤君疏远客卿而不加以重用，秦国就没有富强之实、强大之名了。

再说而今大王收罗齐国珍珠、楚国玉石、赵国美女、燕国宝马，充后宫，饰朝廷，安心受用，尽情享乐。这些东西都不是秦国所产，但是大王却乐此而不疲……

但是大王在用人方面则不同，不问可否，不论曲直，不是秦国者赶走，其他国家的驱逐。这样看来，大王重视的是珠玉美女宝马，轻视的则是人才。

这岂是统一天下、成就帝业的举动？

我听说，土地宽广，粮食就富足；国家强大，人口就昌盛；兵器锋利，士卒就勇敢；泰山不辞让土壤，所以雄伟挺拔；河海不排斥细流，所以浩渺深广；王霸不挑剔民众，所以能够发扬光大。因此，土地不分东西南北，百姓不分异国他邦，一年四季完美无缺，神灵降福上天保佑，这就是五帝三皇之所以无敌于天下的根本原因。

但在如今大王却把百姓送给诸侯，将宾客推向敌国，天下贤士望而生畏，裹足不敢来秦国，这就是人们常说的"让给敌人武器，送给盗贼粮食"。

不出产在秦国的东西，值得珍贵的很多；不出生在秦国的人才，愿意效忠秦国的也很多。如今驱逐客卿以资助敌国，减少自己的百姓以增加对方的力量，对内搞空了自己，对外在诸侯国树立了仇家，想求得国家没有危险，这是不可能的。

这篇《谏逐客书》言辞恳切地陈述了逐客对秦国的安危及秦王帝业所产生的不利影响。李斯用历史的经验，促使秦王政猛醒，接着他又针对秦王生性纵欲的性格，指出好天下之珍宝、美色、歌舞、音乐，而轻视天下之人才的做法，是与"跨海内，制诸侯之术"完全相违背的。最后，李斯指出下令逐客所造成的严重后果：

"今天陛下下令逐客，无疑是将天下精英推入敌人的怀抱，使天下有志之士退而不敢西向，犹豫而不敢入秦。这样就会造成秦国内部的自我削弱，而对外又结怨于诸侯，试想：这样的国家能没有危险吗？"

李斯的这篇上书，铺陈得当，说理严谨，内含激情，笔锋犀利，的确是一篇发人深省的好文章！

难怪秦王政看过之后，顿时惊出了一身冷汗，他被李斯的观点深深打动，立即下令撤销逐客令，又派人追回李斯。

正如《史记》所记载的：

除逐客之令，复李斯官。

一场闹得沸沸扬扬的逐客事件以秦王的觉醒并收回成命而告终。年轻的秦王，虽然专断、残酷，但能屈身纳谏，鲁莽但不糊涂，使他避免了亲政以来的一次大的失误。

李斯被追回来以后，官复原职，不久，又被提升为廷尉，成了秦王政推行统一、实行专制的股肱之臣。

逐客令取消了，秦国的国门进一步开放了，更多的人才涌入到了秦国。

在中国古代，李斯的功业鲜有可比者，其谬误又令人发指。二者集于一身，形成了此人的独特性格。他通过不遗余力的政治实践，为秦兼六国、建立和巩固统一的专制主义中央集权的崭新封建国家做出了不朽贡献；他积极的进取精神、毫不伪饰的功利追求、赤裸裸的法治主张，达到前无古人、后无来者的地步。另一方面，他为博取独宠而陷害同窗和同道——集先秦法学之大成的杰出思想家韩非，并且为维护富贵尊荣而不惜向恶势力屈膝，充分暴露了他的地主阶级政治家的丑陋和自私。他的一生，既为后人提供了建功立业的积极经验，也为后人昭示了身死名辱的教训。

李斯的一篇《谏逐客书》，从历史到现实，从人事到物理，充分突出了秦国历史上的外国人所建立的丰功伟绩，批评了秦王政重物欲轻人才的错误思想，张扬铺排，笔锋犀利。秦王政立即下令，撤销逐客令，派铁骑快马一直追到骊山脚下，恭请李斯回到咸阳，官复原职。从此李斯成了秦王政的主要谋臣。

秦王政知错能改，立即撤销了逐客令，不拘一格地选用人才，才使诸侯国的优秀人才纷纷来到秦国，为秦王政出谋划策，为秦王政的统一大业立下各自的功绩。

第二节　蒙氏家族

战国七雄中，秦国最强。虽地处边陲，然民风强悍，兵强马壮，名将如云，白起、王翦、李信……其中，最典型的就是蒙氏家族。

王翦

秦始皇能够完成统一大业，不仅靠的是他个人的智慧和魄力，更为重要的是，他手下有一大批忠臣、能人为他出谋划策，征战沙场。蒙恬一家是其中著名的代表，他们祖、父、孙三代对秦国君主忠心耿耿，为秦国立下了汗马功劳。

蒙恬祖父蒙骜为秦国名将，事秦昭王，官至上卿。曾经伐韩、攻赵、取魏国城，为秦立下了战功。其父蒙武曾与大将王翦一起灭楚，亦屡立战功。蒙恬少年习刑狱法，担任过审理狱讼的文书。

秦王政二十二年（公元前225年），秦王派将军李信率兵20万攻打

楚国，以蒙武为副将。从此，蒙恬便在秦王朝统一六国的历史舞台上大展宏图。攻赵护秦王，大战项燕进楚国。公元前221年，蒙恬率大军攻破齐都，实现了秦始皇梦寐以求的全国统一。秦始皇授予他内史的官职。蒙恬还有一个弟弟叫蒙毅，官至上卿，是秦始皇的得力助手，秦朝的重臣。兄弟二人一武一文，可谓秦始皇的得力之臣。蒙恬兄弟二人，一个负责对外军事，一个谋划国内政事，有忠信为国的美名。秦国的其他将相都不能与他兄弟二人争宠。

白 起

战国时代，中国的北方一直活跃着一个善于骑射、凶悍无比的民族——匈奴，他们利用中原战乱之机，不断骚扰北方各国。在秦统一中原的同时，他们乘机跨过黄河，占领了河套以南的大片土地，直接威胁着秦都咸阳的安全，成为秦最后的心腹之患。

秦统一六国后，公元前215年，秦始皇以蒙恬为帅，统领30万秦军北击匈奴。在黄河之滨，以步兵为主的秦军与匈奴骑兵展开了一场生死之战。蒙恬以锐不可当的破竹之势，一举收复河套、阳山、北假等（今内蒙古）地区。使匈奴望风而逃，远遁大漠。汉代贾谊评价当时的匈奴说："不敢南下而牧马。"蒙恬仅一战就将彪悍勇猛的匈奴重创，使其溃不成军，四处狼奔。匈奴几十年不敢南下，蒙恬功至高也。

经此一役后，当时的秦军再无敌手，蒙恬也一跃成为秦帝国最为出色的将领。蒙恬收复河南（今内蒙古河套南伊克昭盟一带）后，自榆中（今内蒙古伊金霍洛旗以北）至阴山，设 34 县。又渡过黄河，占据阳山，迁徙人民充实边县。其后修筑西起陇西的临洮（今甘肃岷县），东至辽东（今辽宁境内）的万里长城，把原燕、赵、秦长城连为一体，有力地遏制了匈奴的南进。后受命为秦始皇巡游天下开驰道，从九原郡（今内蒙包头市西南）直达甘泉宫，截断山脉，填塞深谷，全长 1800 里，可惜没有完工。

秦始皇统一全国后，为了巩固其政治统治，施行日益严酷的暴政。秦始皇"焚书坑儒"时，大公子扶苏表现得太过仁慈，没有扬父之威。秦始皇认为扶苏过于软弱，怕其将来不足以承继大业，便将他派往蒙恬军中，名为监军，实是让其沾沾将军的虎威，历练其威武之风。

秦始皇临死前，才认识到扶苏是自己理想的继承人。便留下遗诏，让扶苏继承皇位，可奸臣野心家赵高伙同扶苏的弟弟胡亥、丞相李斯，伪造秦始皇的遗书，杀害扶苏和蒙恬，篡夺了政权。

唐朝皇帝唐太宗，于贞观某日对臣僚说："朕欲上比尧舜，不使冤案现于本朝。各位不妨说说，古代哪一将相死得最冤?"当时在场的有丞相房玄龄、谏议大夫魏征等人，或答"白起"（战国时秦将）；或说"伍子胥"（春秋时吴将）。听罢臣僚们的议论，太宗摇摇头说："朕观最冤的是蒙恬。"

对蒙恬一家，秦始皇知人善用，使得蒙恬父子为秦国甘愿效忠，立下卓越战功。蒙恬的军事才能和所建立的功劳当时罕有与之相比者，而且他至死都对秦国忠心耿耿，无怨于天地。虽然蒙恬最后做了朝廷权力斗争的牺牲品，但蒙恬为秦统一全国，修长城保边疆，功绩卓著，在历史上留下了光辉的一笔，为后人赞叹。

第三节　尉缭传奇

在统一六国的战争中，除了如狼似虎的大秦军团正面作战之外，秦始皇还有一支秘密军队：一支人数很少，战无不胜、攻无不克的军队，这就是执行"金钱连横"的秘密使节。在权与钱的游游荡荡中，在名与利的来来往往中，金钱往往是最致命的武器。秦始皇用金钱收买六国重臣，为统一天下发挥了极大的作用。

从一定角度来说，秦始皇是用金钱打败了对手。策划"金钱连横"战略的，就是当时最富传奇色彩的人物——尉缭。

尉缭是魏国大梁（今河南开封）人，对兵法深有研究。魏国与赵国、韩国一样，地处秦国东部，与秦国接壤。与秦国接壤，便成了强秦攻伐、蚕食的对象。尉缭作为杰出的军事家，他对当前魏国和秦国的形势看的一清二楚。他强烈地意识到：天下诸国，以秦最强；海内一统，非秦莫属。自己一生所学，只有投秦，才能一展才华。

不负平生所学，这是尉缭来秦国的目的。

尉缭一到咸阳，就立即来到王宫，求见秦王政。由于秦王刚刚撤销了逐客令，唯恐再怠慢了四方圣贤之士，经李斯推荐后，秦王政忙宣尉缭入朝。

尉缭来到大殿之上，睹貌听音，在这位精力十足的秦王面前，感到浑身的不舒服。然而，他来秦国的目的，就是要施展平生所学，展尽才

华。所以，当秦王问他对当前大势有何看法时，他毫不犹豫地将自己的
观点全盘托出。尉缭献谋说：

> 以秦之强，诸侯譬如郡县之君，臣但恐诸侯合纵，翕而出
> 不意，此乃智伯、夫差、湣王之所以亡也。

尉缭所说的智伯、夫差、齐湣王之事，秦王政是十分清楚的。

春秋末年战国初期，智伯独擅晋国之政，实力胜过当时的韩、赵、
魏各位大夫之家，但是由于缺乏必要的警惕，他胁迫韩、魏在晋阳城下
马上要灭赵的时候，被三家私下联合突然袭击而身死国亡。

夫差是吴国末代君主，曾经大败越王勾践，逼迫勾践为奴，但是夫
差不听伍子胥的多次劝告，频繁用兵，缺乏对越国的防备。在出兵与晋
国争霸中原之时，勾践乘虚灭了吴国。

齐湣王继承齐威王、齐宣王创下的基业，但是不顾自身国力，四处
征讨，国力大损，被乐毅率燕、赵、韩、魏、秦联军打得大败，几乎
亡国。

历史的教训告诫秦王，应乘六国疲弱之机，立即用兵，将其取之，
否则，诸国元气一旦恢复，后果将不堪设想，难以预料。

秦王政很同意尉缭的观点，他对天下大势的议论，比李斯还要精
辟，但又该如何去做呢？秦王政还想听听尉缭的看法："那爱卿还有什
么好的办法可以教寡人吗？"秦王机敏过人，说着说着就把尉缭从一介
草夫，提升为一国之栋梁了。

尉缭又接着说：

> 我的意见是连横权臣攻国，这样，连横的目标虽小，但一
> 国之权臣，可以左右其君主，只要以利诱导，以封邑为应允，
> 那么这些权臣必会替我大秦国出力卖命，而秦国却不用费一兵

一卒就能削弱各诸侯国的中坚决策力量。愿大王不惜财物，用重金向各国宰相的"傍臣"行贿，内可坏其君臣之情，外可断诸侯之谊，这样，既可以进一步削弱各诸侯国，又可以破坏他们的合纵之策。大王用不了三十万金，各诸侯国就是您的了。

精辟的宏观之论，行之有效的操作之法，使秦王政为之感叹，他被尉缭的才气征服了。他感谢上天赐给了他一个不可多得的帅才。

尉缭之计，对于秦国来说，可以称作"金钱连横"，通过培养和收买东方六国诸侯重臣，破坏六国合力攻秦。后来的事实证明，尉缭之计的确发挥了极大作用。而对六国来说，这条计可谓凶残歹毒，骂几遍"始作俑者，其无后乎"，都难解心中万分之一的恨。

秦王政十分赞同尉缭的"单一诸侯不足虑，诸侯联合就会对秦构成极大威胁"的战略构想，于是派出间谍，离间诸侯之间和诸侯内部的关系，互相内耗，减轻秦军的正面军事压力。秦国拥有不少勇冠三军、身先士卒的将士，因为秦国是以斩首多少而论功行赏的，但是缺乏运筹于帷幄之中、决胜于千里之外的战略大师。将才不少，缺乏帅才。尉缭的出现，对于秦始皇制定军事路线和军事战略，无疑具有重要意义。

尉缭是秦始皇时代的具有传奇色彩的人物。司马迁在《史记》中对他只有很简单的叙述，他的生平一直是个谜。

《汉书·艺文志》最早记录了一本叫《尉缭子》的书，列在杂家和兵法之类。作为一本军事著作，早在公元前1世纪就已经流传于世，受到历代兵家的重视。但是南宋以来，学者们开始怀疑《尉缭子》的真实性，认为是后世人伪造，假托尉缭之名。

20世纪70年代初期，山东临沂县银雀山发掘了两座汉墓，出土了大量经考证属于西汉前期的汉简，其中有《孙子兵法》、《孙膑兵法》、

《六韬》、《尉缭子》等。从而说明司马迁记载不虚，历史上的确有一个叫尉缭的人。

《尉缭子》共5卷24篇，篇幅不大，但内容却很丰富。全书包括战争观念，战略战术的运用，军队的训练、管理和指挥。全书对战争规律进行了深入的探讨和认真的总结。

《尉缭子》猛烈抨击了战争的残暴和惨烈。破坏社会秩序，人民流离失所，正是战争的直接后果。必须以战止战，伐暴乱而建仁义，因而必须用正义战争去消灭非正义战争。这样他为秦国统一天下找到了合理的战争依据。

从战争本身来说，《尉缭子》强调"人和"为战争胜利的首要因素。同时军队要明法重令，士兵、上下级之间要互相承担连坐责任；军队的后勤保障是战争取得胜利的重要保证。提高将、帅素质，注意战争机动、灵活。

以战止战的正义战争是不会轻易取胜的，要想最后取得战争的胜利，还需许多军事、非军事因素的支持，在这诸多因素中，"天时不如地利，地利不如人和"，他把人的因素放到了首位。

而"人"在这里具有两层含意：

一指民。要想赢得战争的胜利，必须得到人民的支持，这就要采用藏富于民的方针，不夺民时，不损民财，奖励耕战，如此民才可以安，民安则国治，国治才可威震天下。

二指军。打仗靠的就是将士，而将士能战靠的是士气，士气旺盛战斗力则强，士气消散战斗力则衰。为提高将士的士气，必须用儒家的孝慈、礼信、廉耻去教育士兵，再辅之以法家的爵禄、刑罚，如此"先礼信而后爵禄，先廉耻而后刑罚"，将士沙场必效死力，战则能胜，攻无不克。

除人的因素之外，后勤保障也是战争取胜的重要条件。所谓"兵马未动，粮草先行"，讲的就是这个道理，尉缭对此格外重视。在他所讲的五个战争取胜的条件中，后勤因素占有很大比重，即粮草必足，否则"士不行"；器械要精，否则"力不壮"（《尉缭子·战威》语）。

对于战争中将帅的作用，尉缭也给予充分的重视。他认为将帅自受命起，必须排除一切私念，临战果断，率先杀敌，义无反顾。并且要求将帅对士兵恩威并施，如此，三军用命，决战决胜。

大概正是由于尉缭的这些军事才能，所以秦王政给予他极高的礼遇。但是尉缭作为军事战略家，不仅有出色的谋略，而且还有观人的本领。秦王政"衣服饮食与缭同"，而尉缭却认为秦王政"居约易出人下，得志亦轻食人。我布衣，然见我常身自下我。诚使秦王得志于天下，天下皆为虏矣。不可与其游"（《史记》语）。

尉缭的大概意思是："秦王这个人，高鼻子，长眼睛，挚鸟胸脯，豺狼之声。这种人缺乏恩惠，心如虎狼，俭约时容易谦卑，得志了就会吃人。我是布衣百姓，但秦王见到我往往低声下气。如果秦王真的得志于天下，天下人就都成为他的奴虏了。不能与他长期相处。"

在封建社会，议论帝王的相貌是犯忌的。秦王政本来就生性专横、暴躁，自他亲政以来，死于他利剑之下者成百上千。公开贬低他的相貌，无疑是活得不耐

清刻本·尉缭子

烦了。

虽说"人不可貌相，海水不可斗量"，以貌取人，不足取，但尉缭对秦王政的为人看法，应该说还是相当准确的。

秦国不乏精兵，也不缺良将，但当时秦始皇所缺乏的，就是这种运筹帷幄、满腹韬略的上选帅才。而今，尉缭来了，在统一决战即将爆发之际，秦王政发现了这样的人才，真是大喜过望。

英明的君主，不仅善于招揽人才，而且懂得驾驭人才，了解人才的能力特点，扬长避短，让属下各尽其能，充分发挥各自的才智，让他们能够做出最大的贡献。否则用人不当，不善于驾驭人才、使用人才，不仅造成人力资源的浪费，还会使人心不齐，各自谋算，造成难以挽回的损失。

为了留住尉缭，秦王政真正做到了礼贤下士：秦王政接见尉缭时，身穿同尉缭一样的衣服；秦王的饮食也和尉缭一样。召见尉缭时，秦王政常常迎出门外。一时秦王政身上的帝王架子没了，骄横之气也不见了。然而，正是这种异常的举动却把尉缭给吓跑了！尽管秦王政是真诚的。

封建社会是个等级森严的社会，在等级森严的社会中，僭越就是大逆不道，而大逆不道者，轻则要坐牢，重则要杀头。

秦王政的谦恭有些过分，过分的谦恭必有悖礼仪，有悖礼仪的行为使人产生怀疑，怀疑其人的不良动机。所以说尉缭有些害怕了，最终他还是选择离开。

当秦王政知道尉缭跑了之后，他怎能甘心对自己如此重要之人将他抛弃！秦王政急了，立即下令，派出快骑，追回尉缭！

尚未逃出秦国的尉缭又被追了回来，被追回的尉缭心怀畏惧，然而，秦王政却既往不咎，他仍旧以礼相待，又以强制相留，并正式任命尉缭为国尉。

在社稷与个人荣辱间，秦王政遵循了吕不韦的"贵公去私、任贤使能"的道理。

由于秦王政不计前嫌，追回尉缭，仍以重任相托的真诚打动了尉缭，致使尉缭尽心竭力地效忠于秦王政，成为秦王政智囊集团的核心人物之一。

随着时局的深入发展，尉缭的作用日益显露出来，他和李斯一样，成了秦王政的股肱之臣，参与秦王室的最高决策。

秦王政当时所面对的形势是燕在北方，魏在南面，再与最南方的楚国联合，然后还与东方的齐国建立巩固的关系，再把近秦而贫弱的韩国连在一起结成合纵，组成一个由北向南的战线对抗强秦，秦国是很难快速取胜的。

战争的胜利，首先是战略的胜利。秦国的战争总战略日益完善，概括起来说，就是破坏合纵，远交近攻，先灭韩、赵、魏三国，再攻两翼，最后操兵东进，灭掉齐国，完成华夏的统一。所以，尉缭子的战略思想对秦始皇统一天下的贡献是值得大书特书的。

据史学界的研究，不仅总战略的形成离不开尉缭，就是在统一战争中，秦国对各诸侯国作战所使用的战术、策略，也与尉缭的军事思想十分吻合。从近年出土的秦始皇兵马俑的布局上来分析，与《尉缭子·兵令》中所讲述的军阵形式基本相同。

尉缭自始至终参加了大秦王朝的统一战争，他不愧为这场统一战争中总战略的设计师！

第四节　少年甘罗

公元前 244 年，燕太子丹入秦为质。秦相吕不韦准备派遣将军张唐去燕为相。张唐为秦将，曾带兵重创赵国，赵王对他恨之入骨，悬重赏要他的人头，而去燕为相必须经过赵国，所以张唐以病推辞。吕不韦也明白其中原因，不好强迫，只得快快不乐，回到相府。

吕不韦府内有一个叫甘罗的人，是原秦国旧相甘茂的孙子，只有12 岁，但是聪明绝顶。他看到吕不韦满脸不高兴的样子，就问："您心里有什么不顺心的事吗？我可以给您解解闷气。"吕不韦将自己请张唐去燕为相之事说给甘罗听，随口说自己因此不悦。

甘罗说："这么件小事，您竟这般生气？让我替您去劝劝他吧！"

吕不韦生气地骂道："去，去，一边玩去！我亲自去劝他，他都不肯，你一个小孩也想凑热闹？"

甘罗说："古时候，项橐 7 岁就能开导孔子，我现在已经 12 岁了，您应该叫我去试一试，不行了再骂不迟。怎么动不动就骂人？"

吕不韦看到甘罗语出惊人，忙说："你能够说服张唐去燕国为相，我可以封你为卿。"

甘罗于是以吕不韦门客的身份去拜见张唐说："大夫的功劳与武安君白起比起来，哪一个大？"

张唐说："武安君白起打胜仗的次数，连记都记不清了，攻地夺城不计其数。我哪敢跟武安君白起比功呢？"

"你是不是真的这样想？"

"当然是！"

"应侯范雎得到秦昭王宠幸，文信侯吕不韦受到当今秦王宠幸，哪一个更受宠？"

"应侯不如文信侯受宠！"

"你是不是真的这样想呢？"

"当然是这样想。"

甘罗慢条斯理地说："应侯准备攻打赵国，赵国派武安君白起为将，武安君不去，被赐死在距离咸阳只有十里的杜邮。而今文信侯亲自请大夫去燕国为相，而你却敢不去，我不知道你将死在哪里？"张唐听了甘罗的话吓得冷汗直冒，脸上变色，忙说："我听小先生的话！"随即到

烽火台

吕不韦门下认罪，准备行装欲去燕为相。

甘罗说服了张唐之后又对吕不韦说："张唐听了我的话答应去燕国，那也是不得已。他心中的确害怕赵国抓他，赵王曾下令全国，有人能抓到张唐，赏赐一座百里之邑。请您借十乘车给我，我先到赵国为张唐疏通疏通。"

吕不韦奏知秦王政说："昔故相甘茂之孙甘罗，年纪虽小，但是名家子孙特别聪敏。张唐称病不肯去燕为相，我亲自劝说都不顶用，甘罗去和他一谈，张唐就答应了，忙来谢罪。现在甘罗又请求替张唐先去赵国疏通疏通，请大王您派他去吧！"

秦王政召见甘罗，只见甘罗身长只有5尺，长得眉清目秀，犹如图画一般。秦王政心里很高兴，即派甘罗为使去赵国。

吕不韦问："你见到赵王准备怎么讲？"

甘罗说："我要先看赵王喜欢什么，害怕什么，看准机会再和他说话。讲话如同湖中之波，随风而变，哪里可以事先决定？"

秦王听了很高兴，交给甘罗百乘轩车宝马，百余仆从，出使赵国。

赵悼襄王早已听说秦、燕联盟，十分担心两国联合进攻赵国，突然听说秦国使臣到来，自然喜出望外，亲到都城郊外迎接。

不料使者竟是一位鬌龄少年，赵悼襄王心中暗暗惊奇，忙问："过去为秦国打通三川的人也姓甘，那是使者什么人？"

甘罗说："我爷爷。"

"小先生贵庚几何？"

甘罗意识到赵悼襄王有不客气之嫌，即以先声夺人之气说："比孔子的老师项橐还大5岁，12岁了！"

"秦国没有年龄更大点的人来当使臣吗？怎么轮到了你，这么年轻？"

"秦国人才济济，秦王用人，量才录用，全看需要。德高望重，委以重任；年少才疏，任以小事。在下年轻，所以出使到了赵国。"

赵悼襄王见他机智灵敏，仿佛春秋时期晏子使楚故事，话中带刺，不敢小觑，便转入正题问："先生光临敝国，不知有何指教?"

"我这次是充当和平使者的。大王一定知道，燕王喜已将燕太子丹送到秦国为人质了吧?"

"听说了。"

"张唐将军将出任燕国丞相，这也知道了吧?"

"知道了。"

"事情不是很清楚了吗? 燕秦联好，互不相欺，赵国就危险了。"

"秦国和赵国联合，其意图何在?"

"赵国夹在秦国和燕国之间，两国联合，对赵国哪会有什么好处? 不瞒大王说，秦王是为了扩大河间的领土。由于赵国还算强大，必须联合燕国才好办事。当然如果赵国能够同秦国搞好关系，燕国也就孤立了。那时大王想如何对付燕国，秦国都可以采取中立，不闻不问。"

"既然秦国已经先跟燕国联合，怎么又肯背燕亲赵呢?" 赵悼襄王迫不及待地问。

甘罗说："秦、燕联合是为扩展河间领土。大王不如割让河间五座城池给秦国，满足秦王的这个愿望。我回去向秦王禀告，使秦王命张唐不要去燕国，将燕太子丹遣送回燕，反过来与赵国和好。赵国去攻打弱小的燕国，秦国袖手旁观，赵国又岂止夺取燕国五城呢?"

赵悼襄王慑于秦、燕联合的威胁，答应了甘罗的请求，将河间五城的图籍交给秦国，馈赠甘罗许多贵重礼品，求他促成秦、赵友好。甘罗成功地完成使命，回到了秦国。

秦王政高兴地说："河间领土，靠一个孩子而扩展，你的智慧比你的身材高大得多。"

秦王政封甘罗为上卿，又将原来甘茂的田宅赐给了甘罗。秦王下令张唐不去燕国为相，张唐因此深谢甘罗。

第二年，赵国大举进攻燕国，夺取城市 30 座，又将 11 座献给秦国。秦王政兵不血刃，平白增添了大片领域。

甘罗年方十二，就已经凭自己的智慧周旋于王侯之间，并且不费一兵一卒使秦国得到 16 座城池，官封上卿，这在中国历史上可以说是绝无仅有的。

可以说没有吕不韦的善于识人，没有秦王政的敢于用人，甘罗一小小少年，没有任何社会地位，纵有雄才大略，也难以有用武之地，也就不可能立下大功了。

自古英雄出少年。甘罗是秦朝著名的少年政治家，小小年纪就表现出了不凡的胆略和智慧。吕不韦善于识人，并敢于把他推荐给秦王政，而秦王政也敢于用人，让这样一个年纪轻轻的少年担当重任，出使赵国，使得甘罗建立了具有传奇色彩的功绩，在历史上留下了一段佳话。

用人直接关系到事业的成败，能成大事者多半是靠运用他人的智慧与才能赢得优势并最终取得成功。因此，重用有才能的人，让他们为自己效忠，这是一项非常重要的帝王之策。

不拘一格，不问出身，知人善用，让每个人都充分发挥出他们的积极作用，这是领导者必须具备的素质和才能。秦始皇能够统一中国，靠的是他有丰富宝贵的人力资源。正是因为有一大批人才帮他打天下，巩固皇权，他才能够在短短十几年的时间里，统一六国，并获得秦始皇的称号。

第六章　横扫六国

第一节　顺天者昌

　　秦始皇亲政后，权力的宝座尚未坐稳，就发生了嫪毐的叛乱，但他当机立断，快刀斩乱麻，很快除掉了以嫪毐为首的后党，并趁此机会，把以吕不韦为首的相党也一并除掉。这样，对他的王权威胁最大的两大集团势力，就此瓦解。秦始皇终于独揽大权，扫清了障碍。这让他能够放心大胆地把精力全部放在统一六国的大业上。

　　"顺天者昌，逆天者亡"，一件事情只有合乎人心，顺应历史发展的趋势，顺应事物发展的规律，才能取得成功。只有按照宇宙万物演变的规律来谋略和做事，才能战无不胜，顺利达到目的。

　　秦始皇为什么能在那么短的时间里兼并六国、结束数百年天下纷乱的局面呢？我们首先来看一看当时的历史背景。

　　春秋战国时期，诸侯割据，互相屠杀，战争不断，各诸侯国的人民深受其害，渴望结束战争，过和平安定的生活。这是人心所向。

　　怎样才能结束纷乱？孟子的回答是："定于一（即统一）。"而秦始皇正是顺应了这个历史发展的趋势。

　　从经济方面来讲，当时的中国也需要统一。统一是社会发展的需要，是当时各国人民的愿望。而那时，只有秦国具有统一各国的实力。而秦王嬴政适逢秦国实力强大，六国势微，天时、地利、人和，他都具备了，因此统一六国的历史使命就落在了他的头上。

当时的秦国，有着"地形便，山川利，财用足，民得战"的有利条件。

战国后期，诸侯战争连年不断，田野荒芜，城郭被毁，百姓流离，生灵涂炭，天下一片混乱。混乱的局面必然造成民心思安、民心思定。

实现天下的统一已经成为历史发展的必然趋势，这就是所谓的天时。

"地形便，山川利"指的是地利。秦自秦孝公商鞅变法以后，就一直奉行法家政策，重视耕战，领土不断扩大，国家日益富强。

经孝公、惠文王、武王、昭襄王、孝文王、庄襄王六代国君的努力，到秦始皇继承秦国王位之时，秦国的地盘已从今陕西地区扩展到今甘肃、宁夏、四川、山西、河南、湖北、贵州等地，几乎相当于六国领土面积的总和。

在这片广阔的领土内，富饶的关中平原和号称"天府之国"的成都平原以及河东、三川、南郡等地都是重要的农业生产区，陇西、北地等郡是畜牧资源盛地，蜀郡、南阳产铁，河东、蜀郡产盐。

广阔的版图使秦国财力雄厚，兵源深广。在地理形势上，秦居高临下，关中有所谓"四塞之固"，进可以取，退可以守，在地形上完全处于有利的主动地位。

明代思想家李贽在《史纲评要》中指出："始皇出世，李斯相之，天崩地坼，掀翻一个世界。"

如果说天时与地利是秦始皇运气好，在最恰当的时机登上了秦国的王位，并且继承了一分先人积累的好基业，但是人和确实是秦始皇自己的功劳。人和对秦始皇来说，有着多方面的含意：首先他广揽人才，能者重用，得到文才武将的忠心辅佐，这即所谓的君臣和；其次他以自己的权势，控制着文臣武将，对他们量才录用，让他们各司其职，在群臣之中，形成了一种文武同心、协力为主的良好局面，这即所谓的将相和。

历史需要人们评说。秦国为什么能够统一天下，六国为什么最终会被秦国灭亡？

司马光《资治通鉴·秦纪》说：

> 纵横之说，虽反复百端，然大要合纵者，六国之利。昔先王建万国，亲诸侯，使之朝聘以相交，飨宴以相乐，会盟以相结者，无他，欲其同心戮力以保国也。向使六国能以信义相亲，则秦虽强暴，安得亡之哉！夫三晋者，齐楚之藩蔽；齐楚者，三晋之根柢，形势相资，表里相依。故从三晋而攻齐楚，自绝其根柢也；以齐楚而攻三晋，自撤其藩蔽也。

齐、楚、赵、魏、韩，唇齿相依，唇亡则齿寒。赵、魏、韩，本来是齐、楚的天然屏障，可是正当秦王扫平三晋的时候，楚人在那里坐享太平，齐人在那里醉生梦死；等到屏障被打破的时候，楚人只得垂死挣扎，而齐人干脆束手待毙。而齐、楚，或者三晋，不是自撤藩蔽，就是自绝根柢。所以六国的灭亡，在于缺乏统一战线！

而苏洵在《六国论》中则说：

> 六国破灭，非兵不利，战不善，弊在赂秦。赂秦而力亏，破灭之道也。或曰："六国互丧，率赂秦耶？"
>
> 曰："不赂者以赂者丧。盖失强援，不能独完。故曰弊在赂秦也。"
>
> ……
>
> 呜呼！以赂秦之地，封天下之谋臣；以事秦之心，礼天下之奇才，并力西向，则吾恐秦人食之不得下咽也。

悲夫！有如此之势，而为秦人积威之所劫，日削月割，以趋于亡！为国者无使为积威之所劫哉！

赂秦，的确是六国自取灭亡的一个重要原因。

苏辙的《六国论》则说：

> 夫秦之所与争天下者，不在齐、楚、燕、赵也，而在韩、魏之郊。诸侯之所与争天下者，不在齐、楚、燕、赵也，而在韩、魏之野。秦之有韩、魏，譬如人之有腹心之疾也。韩、魏塞秦之冲，而蔽山东之诸侯，故天下之所重者，莫如韩、魏也。

古人常说："天时不如地利，地利不如人和。"苏辙之论，着眼点是地利。冷兵器时代，一座关隘，一条大河，"一夫当关，万夫莫开"。六国保住韩、魏，秦国就灭不了六国。秦国灭韩、亡魏，然后灭亡天下诸侯，这是历史发展的必然趋势。

秦始皇之所以能够统一六国，建立第一个封建集权制国家，不仅同秦始皇的个人能力和性格有关，还同当时大的历史背景有关。可以说，一方面是秦始皇创建了历史，另一方面也是历史成就了秦始皇。没有秦始皇的先祖为其创下的雄厚基业，没有当时其他诸侯国的衰败，没有各国人民渴望和平统一的愿望，秦始皇要统一天下也只能是个梦想。

秦始皇毕竟是秦始皇，有着坚定的信念与旺盛的斗志，如果换作是其他人，是否能统一天下将是一个未知数。

统一是天下大势所趋。在正确的时间、正确的位置，秦始皇做了正确的事情：顺天而动，统一中华！

第二节　灭亡赵国

析利弊得失，量强弱轻重，然后避重就轻、避强就弱，才能攻无不克，无往不胜。秦始皇灭亡赵国的战争中，凸显了其对军事战略的高超把握能力。

秦赵一家，两国拥有共同的祖先，也自然继承祖先的战争基因。战国七雄中，赵国名将辈出、战士勇猛，是秦国统一六国的进程中，最难啃的硬骨头。

公元前236年，即秦王政亲政后的第二年，秦王政首先发动的是对赵国的战争。秦王政派遣秦国历史上著名的将领王翦伐赵。

王翦是频阳东乡（今陕西省富平县东北）人，《史记》说他"少而好兵，事秦始皇"。这是王翦首次作为秦军主帅领兵出征。此时，秦国名将蒙骜、王龁双双死亡，秦王政大胆起用名声不大但身经百战的年轻将领王翦为秦军主帅。

王翦根据秦王政的战略意图，把军事矛头对准秦国的劲敌赵国。赵国是战国后期六国中最强的国家，曾于公元前241年组织最后一次合纵抗秦。公元前260年，秦赵长平大战，赵国丧师40余万，元气大伤，但是经过二十多年的恢复，大有东山再起之势。至赵悼襄王在位期间，国君昏庸，将士离心，国内一片乌烟瘴气。

王翦趁李牧在北边防守匈奴、攻击燕国之时，发动了秦王政时期的第一次攻赵战争。王翦打着救燕的旗号，兵分两路，兵力约二三十万，向赵进攻。第一路由王翦率领，自上党向东北挺进，击败赵军，占领阏与等两城。另一路由桓齮率领，自东郡向北进军，占领赵国安阳（今河南安阳）、邺（今河北磁县）等九城。漳河以南地区全部被秦国占领。赵悼襄王忧愤交加而死。

这次秦赵之战是秦王政亲政后的第一次大规模的对外战争，也是王翦作为主将进行的第一次战争，这次战争揭开了秦王政统一战争的序幕。王翦向来以稳健著称，但是这次战争他却勇敢果断、雷厉风行，这似乎预示着秦王政将很快统一天下。

王翦这次战争胜利之后，秦国又连续对赵国发动了 3 次战争。

公元前 234 年，秦王政任命桓齮率领秦军仍从东北方向进攻，攻克赵国的平阳（今河北磁县东南）、武城（今河北磁县西南）。赵将扈辄率十余万大军迎战，被秦军大败于平阳，扈辄与 10 万赵军战死。秦军从太原郡继续北上，占领赵国西北部地区，秦国设立雁门郡和云中郡（今内蒙古托克托东北）。

公元前 233 年，秦王政又派桓齮率兵进攻赵国。

这次秦军改变了进攻方向，由太原郡向东翻越太行山，进攻赵国北部，与已占领漳河流域的秦军配合，对赵国形成了钳形大包围形势，企图一举消灭赵国。

赵王迁得知这些情况，急调赵国名将李牧。李牧极善用兵，被任命为大将，率兵抗击秦国。

李牧本来长期守卫赵国北部边境以防御匈奴。他在防备匈奴的过程中，主要采用了以不变应万变的防贼方法。这种方法的主要特点是"防"，而不是"攻"。他精心选派边地官员，认真经营边疆经济，发展

李 牧

边地生产和贸易，确保充足的军费。他关心士卒，训练士卒骑马射箭，设置烽火警报，派遣侦察人员深入匈奴探听动向。他规定，如果匈奴入侵，要快速将居民和牛羊等撤回城内，闭关自守。于是数年间，边境人畜皆无损失，而匈奴则一无所获。但是李牧被一些人认为是怯战，赵孝成王派人责备他，而李牧依然如故。赵王于是发怒，另派将领代替李牧。前来替代的将领不懂李牧抗击匈奴的方法，匈奴入侵，就出兵追击。结果战事多败，人畜伤亡很多，边境很不安宁。于是赵王决定重新任用李牧，而李牧则称病不出。赵王强令李牧为将，李牧要求按照他原先防备匈奴的方法才肯上任，赵王只得答应，于是李牧又重新上任守边防胡。

李牧重新守边，办法依旧相同，匈奴数年依旧一无所获。边卒无战而受厚赏，皆愿拼死一战。李牧看到士卒求战，匈奴防备松懈，因此加紧训练士卒，放出牛马诱敌。匈奴单于认为有机可乘，集中人马，大举入掠。李牧巧用奇计，正面佯退，两翼埋伏，一举歼灭匈奴十万余骑。此后十余年，匈奴不敢入掠，为赵国争取到了一个安宁的边疆环境。

如今李牧在秦国大兵压境之时受任，可算是受命于危难之中了。李牧在代地接到赵王迁的旨意，立即带着兵马飞驰邯郸城外，单身入城，拜见赵王。

赵王问他抵御秦国的方法。

李牧说："秦军乘数胜之锐气，士气高昂，斗志正旺，很难速胜。我请求大王允许我随机应变，不受约束，这样方敢领命抗击秦军。"

赵王迁答应了李牧的请求，问："代地带来的军队够用吗？"

"出战不足，守城富足。"李牧答。

赵王迁说："现在全国尚有十万人马，赵葱、颜聚各有五万，听你调遣。"

李牧正式受命后，下令全军高壁深垒，只准坚守，不准出战。李牧每日杀牛赏赐兵士，并令其举行射箭比赛。士卒日日受赏，要求出城拼杀，李牧始终不准出战。

桓齮决定先扫清外围，再攻李牧。于是分兵一半，偷袭甘泉市。

赵葱请求李牧派兵救援。

李牧说："敌人攻击什么地方，我们就去救援什么地方，这不是敌人在指挥我们吗？这是兵家之大忌。秦军分兵攻打甘泉市，其营必虚；我军坚壁固守日久，秦军一定不会防备我军进攻。不如偷袭敌营，如果偷袭成功，就打掉了桓齮的锐气。"

于是李牧趁晨昏之时，偷袭秦军营寨。秦军不意赵兵突至，猝然大乱，被杀死、杀伤众多将领和兵卒。败兵逃到甘泉，桓齮大怒，带领全部兵马来战李牧。

李牧令代地兵从中线冲击而出，赵葱和颜聚各领五万兵马迂回而进。赵军中军与秦兵大战，代地兵奋勇当先，拼命而战，秦军无法抵敌，溃败而逃，桓齮则畏罪逃亡。这是秦军攻赵的一次大失败，也是对秦王政统一战争的一次大的阻击。双方投入的兵力，当在三四十万，秦军的损失当在 10 万以上。

李牧因此被赵王授封为武安君。

秦王政闻听桓齮大败，大怒，随即下令第四次伐赵。

公元前 232 年，秦军分两路进军赵国，气势汹汹，不可一世。秦王政又令内史腾带兵 10 万驻扎上党，声援两路大军。

赵国仍以李牧为主帅带兵御敌。李牧把赵军主力集中在北部，应战秦军主力。李牧趁秦国主力爬行于山间狭长地段时，举兵猛攻，很快击退秦军的进攻。

此次秦赵大战，秦国兵力当在 50 万以上，可惜这些资料史书未载。秦王政几次兵败于赵，觉得赵国尚有力量与之抗衡，暂时停止了伐赵之战，转而进攻韩国、魏国。

公元前 230 年，秦王政命内史腾出兵攻韩，一举俘虏了韩王安，在韩地设置颍川郡，韩国第一个退出了战国七雄的历史舞台。

公元前 229 年，秦王政看到秦国在中原的土地已经连成一片，又开始兴兵伐赵。秦王政命王翦和杨端和为将，分兵两路攻打赵国，王翦为主帅。王翦大军经由太原出井陉，向右旋转，由此而南进，合围邯郸；杨端和率兵由东郡直奔邯郸。

赵国也分兵两路，李牧率主力对抗王翦，将军司马尚对付杨端和。

秦军两路大军受到李牧和司马尚的拼死抵抗，进展缓慢，僵持不下，时近一年，秦国大军难以推进。

秦王政见此状况，采纳尉缭之谋，派间谍行间。间谍先到王翦军中，对王翦说："李牧乃赵国名将，难以轻胜。将军暂且与他通好，但不要定约，让使者反复往来，我自有办法。"

王翦使人到李牧军中讲和，李牧也派人联络，不断往来。李牧根本没有想到这是奸计。

间谍又到赵都邯郸，再走郭开关节。

郭开早已被秦国间谍收买，第一次秦国攻赵之时，赵悼襄王本来要起用老将廉颇，就是因为郭开暗中使坏，才留下了廉颇一餐三遗屎的千古话柄。这次秦国间谍又送给郭开重金，令他散布谣言并让赵王迁知道：李牧与秦军私自讲和，相约破赵之日，为代地之王。并向郭开许愿："如果你做成这件事，我将密告秦王，高官厚禄！"

郭开身为赵相，要传几句这样的话自然十分容易。郭开如此这般密奏赵王迁，赵王迁派左右密到李牧军中查验，回报果见秦、赵两国使者经常往来，赵王迁密谋于郭开。郭开献计说："赵葱、颜聚久在军中，大王可遣使持兵符，拜赵葱为大将，替回李牧，只说欲拜为相国。李牧必定不疑而返。"

赵王迁命特使持符节到李牧军中宣布赵王之命。李牧感到如今战争之际，不愿高迁。

特使看到李牧如此忠诚而又如此天真，忍不住告诉李牧说："郭开诬言将军欲反，赵王听其言，说是以相位召你，实际上是欺骗将军，将军务必小心。"

李牧忿然说："郭开起初诬陷廉颇，如今又来诬陷我。我当带兵入朝除去此等奸人，然后再奏赵王。"

特使说："将军提兵入朝，知道的以为你忠心耿耿，不知道的反而说你谋反，这正好授人之柄。凭将军的雄才，哪里不能建功立业，何必一定要在赵国呢？"

李牧长叹："我曾经抱怨乐毅、廉颇为赵将不终一生，谁想今天却轮到我了。"李牧置大将印于军中，变服欲投魏国。

赵葱感激郭开举荐之恩，又恨李牧不肯把帅印交给他，急派力士追捕，擒而斩首。可惜李牧一代名将，死而不能瞑目。

赵葱接替李牧为大将，代地素服李牧，不服赵葱，而今见他无辜被杀，一夜之间，尽皆逃走，赵葱无可奈何。

秦兵听说李牧被杀，皆酌酒相贺。王翦、杨端和两路兵马齐头并进，赵葱兵败，被王翦所杀。颜聚收拾败兵逃回邯郸，秦军大兵闪电般围住了邯郸。

赵王迁恐惧非常，准备遣使求救邻邦。

郭开进言说："韩国已经臣服秦国，燕国、魏国自顾不暇，怎么可能相救？依我愚见，秦兵势大，不如归降，不失封侯之位。"

赵王迁准备听郭开之言。公子嘉伏地痛哭："先王将社稷宗庙传给大王，怎么轻易弃掉？我愿与颜聚竭力死战，万一城破，代地几百里尚可称王，绝不能束手就擒。"

公子嘉本来是赵王迁之兄，原封为太子，后因赵襄王宠幸赵王迁之母而被废。

郭开说："城破大王被虏，怎能去代地？"

公子嘉拔剑在手，大骂郭开："误国奸臣，尚敢多言，我必斩之。"

赵王迁两面劝解方散，退回宫中，无计可施，只得以酒浇愁。不过"以酒浇愁愁更愁，抽刀断水水更流"。

郭开本欲约会秦兵献城，但是公子嘉带领宗族宾客协助颜聚精心防守，滴水不漏，郭开暂无妙计。是岁大荒，城外庶民百姓尽皆逃难，秦军无法掠夺；而邯郸城中粮食充足，不缺食用，秦兵急切难以攻下。王翦与杨端和计议，暂且退兵50里外，以便筹粮。公子嘉和颜聚看到秦兵退去，防范稍松，每日打开一次城门，方便出入。郭开趁此机会，派心腹送一封密信给王翦，称请秦王政大驾亲临，他将力劝赵王开城投降。

王翦得书，飞报咸阳。于是秦王政亲带精兵5万驾临邯郸，复围城攻打，昼夜不息。城上之人看到"秦王"旗号，飞报赵王迁。

赵王迁更加恐惧非常，说："我准备投降秦王，但又怕被杀，到底该怎么办呢？"

郭开说："秦国不加害韩王安，怎么会杀害你呢？如果将和氏璧并邯郸图籍献出而降，秦王一定会非常高兴。"

赵王迁说："爱卿揣度行事，即可写下降书。"郭开写完降书，又说："降书已经写好，但是公子嘉必然阻挡。听说秦王大营在西门，大王可以假借巡城之名，亲到那里，开城纳降，何愁秦王不允？"

赵王迁本来昏庸无能，唯郭开之言是听，到了如此紧急关头，哪里还有什么主意可言，自然只是依言而行。

颜聚正在北门巡察坚守，听说赵王迁已经偷走西门降秦，大惊失色。

公子嘉正好飞驰而至，说："城头已奉赵王之命树起降旗，秦兵马上就要入城了。"颜聚说："我在这里死守，公子速去组织宗族火速至此，出奔代郡，以图东山再起。"

公子嘉从其言，带领宗族数百人，出邯郸北门，投奔代郡。众人力劝公子嘉自立为代王，组织力量，联合邻邦，共同抗击秦。不过此时的赵国，已经是强弩之末，没有什么前途了。

秦国首先攻击赵国，结果赵国军队在李牧的率领下，几次击败秦国的军队。如果秦始皇一味地派遣秦军与赵军作战，那么秦国将会消耗掉大量的兵力、财力以及时间。所以秦始皇非常明智地采取了避实就虚的策略，停止了与赵国的交战，转而攻打实力较弱的韩国。

秦军攻下韩国后，利用反间计除掉了心腹大患李牧，于是攻打赵国的时机成熟了，很快攻下了赵国。

韩国、赵国是中原之地，占领了中原，就等于获得了中心位置，进可以攻，退可以守。秦始皇先占领这块地方，获得了很大的先机。后人评论说，此时秦国的土地几乎包括了整个黄河流域，统一天下已胜券在握了。

第三节　荆轲刺秦

"风萧萧兮易水寒，壮士一去兮不复还!"千古名句记录了一个关于勇敢的传奇故事。

春秋时期和战国初期，燕国始终是一个不引人注意的小国，因其远离中原，得以相对安宁，并无太多战事。后来得到齐国的帮助，春秋末期燕国已成为北方的大国，并一举成为战国七雄之一。

"燕赵多慷慨悲歌之士"，燕人的个人英雄主义，在这段波澜壮阔的历史中，留下荆轲刺秦王的千古绝唱。其率真的血性，视死如生的气魄，真男人也。

燕太子丹曾在秦国为质，一待就是十余年。其间秦国大军不断伐赵，太子丹知道赵国被灭，必然祸及燕国，私下遣书给其父燕王喜，让他做好抗击秦国入侵的准备，并请燕王喜为自己求归。

燕王喜派使臣赴秦求太子丹归燕。

秦王政却说："燕王不死，太子不可归。要想太子归燕，除非黑发白，马生角。"

太子丹仰天大呼，怒气冲天，黑发皆白。秦王政还是不准他归燕。太子丹于是变服毁面，扮为仆佣，好不容易逃出函谷关，历尽千辛万苦，于公元前232年回到了燕国。

燕太子丹逃回燕国，深恨秦王政，散家财，聚宾客，图谋报仇雪恨。太子丹与太傅鞠武密计，这位赤胆忠心的老人给他提出了西约三晋，南联齐、楚，北合匈奴共同抗秦的大计。这种计策听起来好听，但是很难实施，因为当时的天下已经形成秦国一手遮天的局势，只要看一下后来秦国每灭一国，其他国家都不再救援就可以明白这种形势。所以太子丹认为这种方法旷日持久，远水不解近渴，再求鞠武另出妙计。

鞠武知道太子丹准备行刺秦王的意图，就向他推荐了勇士田光。这或许是最著名的"斩首战略"。田光是燕国人，年纪已经很大了，他不忍心让太子丹失望，于是推荐了剑客荆轲。

田光说："我有挚友荆轲，可当此大任。"接着田光分析了太子丹已经收罗的一些勇士，"太子身边几位勇士，只能称得上'血勇'之徒，心情激动，面孔通红，完不成重任。秦舞阳虽然十三岁就敢杀死仇人，勇气似乎过人，但顶多只能算个'骨勇'之辈，遇到大事，脸色苍白，也顶不了大用。只有荆轲，可称'神勇'，天生勇士，喜怒哀乐不形于色，出身名门，精于剑术，足当大任。"

荆　轲

田光亲自拜见荆轲，告知燕太子丹相求之事。荆轲点头应允之后，田光自刎加以激励。荆轲拜见太子丹，声言田光已死；太子丹再拜下跪，膝行流泪。荆轲心感太子丹的诚心，决心辅助太子丹完成大计。太子丹专门在易水河边为荆轲修筑一座馆驿，尊为上卿，三日一小宴，五日一大宴，奇宝异物，美人车骑，收买其心。

过了很久，荆轲还没有入秦刺杀秦王政之意。当时，秦国已经攻灭赵国，俘虏赵王迁，将赵地设置为郡县，陈兵燕国南境。

太子丹恐惧万分，又对荆轲说："秦兵旦暮就要渡过易水，我虽然想久等一下，但是恐怕时间来不及了。"

荆轲说："即使太子不说，我也要去拜会你了。而今入秦，缺乏信物，见不到秦王。樊将军之首，秦王政悬千金赏万户侯，如果得此信物，再加上燕国督亢（今河北涿县、固安、新城一带）的地图，秦王政一定会大喜而接见我。唯有如此才能成就大事。"

樊将军叫樊於期，从秦国逃到燕国，《史记·刺客列传》说秦王政悬赏千金、封邑万户购其首。《东周列国志》说他曾策动秦王政弟长安君谋反降秦，散布檄文向天下人宣布秦王政是吕不韦的儿子，如此说来，秦王政深恨他似乎有此道理。荆轲向太子丹索取樊於期人头作为信物，太子丹犹豫不决，恐伤义气。

荆轲看出太子丹的心意，亲自去拜见樊於期进行游说："秦王政与将军，可谓深仇大恨，不共戴天。父母宗族，尽遭杀戮。如今还听说悬千金赏万户侯求购将军之首，你有什么打算呢？"樊於期仰天长叹，泣涕横流："我每当想到此处，无不痛及骨髓，但是无计可施！"

荆轲说："我有一计，可以解除燕国兵患，替将军报仇雪恨。将军愿意听吗？"

樊於期走上前来，靠近荆轲："到底何计？"

荆轲说："我希望得到将军之头去献与秦王，秦王一定会高兴地接见我。那时，我左手抓住他的袖子，右手持匕首直刺其胸。这样，将军的大仇可报，燕国之危可除。将军一定有意吧！"

樊於期进一步向前，拉住荆轲的手说："这是我日日夜夜都想做的事情，今日才聆听到先生的教诲。"于是自刎而死。

荆轲凭他的智慧完成了一件十分棘手的事。他所需要的信物不是一般的东西，而是人的生命，且这个人不是仇敌而是朋友……这件事摆在任何人面前都会令人徘徊不前。最好最绝的办法就是让他自杀……

荆轲得到了入秦的第一件信物，太子丹也早就为他准备好了一把匕首。这把匕首是太子丹用百金购得，令工人淬火，染上毒药，曾用来试人，血流未及脚，无不倒地而死。太子丹准备派秦舞阳作为荆轲的助手入秦。荆轲不太满意，相约另一位倾心之友同往，但是此人行踪不定，所以荆轲静心等待。

太子丹心急难熬，唯恐荆轲后悔不去，又对荆轲说："日子已经尽了，荆卿是否欲行？如果还不走，我派秦舞阳先行吧！"

荆轲听到太子丹此等言语，大怒，叱太子丹说："你到底慌什么？我如今拿着一把小小的匕首去那深不可测的强秦，我之所以没有成行，就是想等我的伙伴，本来是图个万全之计。太子既然急不可待，即请辞行！"

太子丹本来就性急，听了荆轲"即请辞行"，急忙拿出早就准备好的国书，将燕国督亢地图并樊於期首级交付荆轲。以千金之资为荆轲置装，秦舞阳为副。由于太子丹的急躁和短见，历史的浪潮只闪了一下涟漪，没有掀起狂澜，否则……

易水河畔。太子丹及宾客，身着白衣，头戴白帽，满目萧然，一片肃穆。

荆轲的朋友高渐离击筑，荆轲应和而歌：风萧萧兮易水寒，壮士一去兮不复还！歌声由深沉、幽怨，不断变为高亢、激昂，送行之人"皆垂泪涕泣"。

荆轲提着一把长不盈尺的匕首，带着一个并不称职的助手，在秦王政二十年（公元前 227 年），义无反顾，过易水、跨黄河，入函谷关，进咸阳宫……

荆轲到了秦国，持千金之资厚赠秦王政宠臣中庶子蒙嘉。

蒙嘉奏知秦王政说："燕王十分惧怕大王神勇威仪，不敢派兵抵抗秦军，情愿举国称臣，比之诸侯之列，给贡赋如郡县，乞求得保先王的宗庙。因害怕所以不敢亲自陈说，特斩樊於期首级，敬献督亢地图，拜送王廷，派使面见大王，敬听大王之命。"

秦王政闻之大喜，令群臣朝服，设九宾之礼，在咸阳宫接见燕国使者。

荆轲双手捧着樊於期首级盒子，秦舞阳捧着燕督亢地图匣子，依次而入。

咸阳宫中，仪仗齐备，秦王政身着朝服，威踞王位宝座之上，文武百官肃然侍立于大殿两侧，似乎这里正在举行燕国受降仪式。

不出荆轲所料，秦舞阳果然不争气，只见他"脸色变，恐惧甚"，吓得魂不附体。侍立在大殿两侧的文武群臣都觉得奇怪。

荆轲见此，回头一笑，复向前致歉说："北方边鄙之人，从未见过天子威仪，所以恐惧。希望大王原谅，让他完成使节之礼！"

秦王政说："你去取他所拿的地图匣子来！"

荆轲取来秦舞阳所持的地图匣子，奉献给秦王政。秦王政打开卷着的地图观看，地图打开了，露出匕首。

荆轲左手一下子抓住秦王政的袖子，右手持匕首直刺秦王政；匕首尚未沾身，秦王政大吃一惊，一下子站起身来，袖子被荆轲拉断。秦王政拔剑，剑太长，拔不出来。荆轲追击秦王政，秦王政绕柱而跑。群臣尽皆惊愕，事出突然，不知所措。

按照秦国制度，群臣侍者上殿不得携带任何武器；卫士们都手持兵器立于殿下，没有诏令不准上殿。而紧急之中，秦王政又来不及召呼卫士护驾，所以造成荆轲追逐秦王政的局面。秦王政仓促之间，没有兵器击杀荆轲，只好徒手相拼。

有位老臣大喊："从背后拔剑，大王从背后拔剑！"御医夏无且把手中药囊掷向荆轲，把荆轲阻挡了一下，秦王政听到喊声，一下子把剑拔了出来，直刺荆轲，断其左股。荆轲于是用匕首投掷秦王政，但未击中。秦王政再刺荆轲，重创八处。左右卫士上前杀死荆轲。秦王政惊愕，这是秦王政经历的最直接最惊险的险情。

秦王政怒了，他立即下令增兵添粮，派王翦为统帅，全面发动攻燕战争。

仓促之间，历史又翻开了一页！

王翦大军由中山北部向燕国都城蓟进军。燕国联合逃往代地的赵太子嘉的军队，凭借易水和易水以西山地设置防线，抗御秦军。王翦指挥秦兵正面攻击与侧翼迂回相配合，很快击破燕代联军。秦军乘胜进军，直扑蓟城。秦王政二十一年（公元前226年）十月，秦军攻克燕都。燕王喜和太子丹率领残兵败将退守辽东郡（今辽宁辽阳市）。秦将李信率兵穷追不舍，燕军处境十分危急。代王嘉建议燕王喜杀死燕太子丹，献首秦军，换取退兵。燕王喜迫不得已，杀燕太子丹献首级与秦王政。秦王政自然不会就此满足，但是由于燕国已经只剩辽东一隅，不足为患，暂时停止了进军。

荆轲刺秦王的故事，常常被后人传唱。如果荆柯果真刺死了秦王政，不知道中国的历史将如何改写。也许是上天的意志不可违，秦始皇命不该绝，上天注定要让他来完成统一天下的大任。

燕国在覆灭之前的这一举动，虽只在易水里留下了一丝寒波，但是那种"壮士一去永不复返"凄怆而决绝的意境，千百年来一直震撼人心。

第四节　倾国之兵

秦灭六国，其实真正的对手，只有两个：赵国和楚国。赵国善战，是硬；楚国辽阔，是大。消灭燕国、魏国之后，秦王政又把目光转向了地大物博的楚国。事实上，楚国完全可以成为秦国最难吃下的一块大骨头，成为秦国统一中国的最大障碍。要啃掉这块大骨头，秦始皇采用了非常的手段，把倾国之兵交给了一个人——王翦。

楚国的先人，传说是颛顼帝之孙高阳。周武王分封天下，熊绎被封在楚蛮，为子男爵。周夷王之时，周王室衰微，楚自称为王，后来畏怕周室征讨，自去王号。周平王东迁，周室更加衰微，楚武王从此自称为王，建都郢。到了春秋时期的楚庄王，曾经称霸一时，成为一代霸主。但是楚国一直没有显现出像秦国那样统一中国的壮志和雄心。由于地理环境的因素，楚国一直是地盘很大的一个大国。但是还没有等到它的统治者真正觉醒，它就已经面临着覆灭的命运。

咸阳宫中，35 岁的秦王政志满意得，目光炯炯，威风凛凛。他正在与年轻将领李信和老将军王翦研究攻灭楚国的军机大事。

李信年少壮勇，曾经孤军深入，千里追击燕王喜和燕太子丹，最后献上燕太子丹首级，秦王政"以为勇贤"。

秦王政问李信："将军估计，讨伐楚国，需用多少兵力？"话中已含有轻视楚国之意。

李信说："二十万足够了！"

秦王政又问王翦。

王翦回答："非六十万人马不可！李信以二十万人攻楚，必然不克。"

秦王政认为老年人比较胆怯，不如年轻人气盛勇敢，不用王翦，任命李信为大将，蒙武为副将，率 20 万军队攻伐楚国。

楚国自公元前 278 年被白起攻破鄢、郢之后，迁都淮阳，收兵自保，五十年间，国势虽曾一度有所恢复，但依旧是地大而兵弱。公元前 253 年，五国联兵攻秦失利，楚考烈王又急忙迁都寿春，企图避开秦国兵威锋芒。秦国攻破韩、魏、燕、赵之时，楚国依旧是一个南方大国，仍然占有现今河南省东南及南部、山东南部、湖北省东部，江苏、安徽、江西、浙江各省，但是由于楚国统治集团已经彻底腐败，所以无法逃避最终覆灭的命运。

李信攻打楚之前，公元前 226 年，王翦之子王贲曾率兵攻楚，结束了楚国五十年不被进攻的历史，夺取楚国十余座城池，拉开了灭楚的序幕，可见楚国的确兵弱将寡。但是，李信还是低估了楚国的力量，要彻底消灭楚国，还并非易事。

公元前 225 年，李信带领 20 万秦军攻打楚国。战争初期，李信、蒙武还打得十分顺手，时有捷报传回咸阳。李信攻打平舆（今河南平舆县北），蒙武攻打寝（今河南沈丘东南），均大破楚军。李信攻下平舆，引兵急进，又很快攻下申城，约蒙武会师城父（今河南襄城西），一起进攻郢城。楚王负刍听说秦国攻略本国领土，拜项燕为大将，率兵 20 万迎敌。楚军水陆并进。项燕探知李信大军正从申城开来，集中主力在寿春以北、淮河北岸的巨阳一带迎敌，令副将屈定在鲁台山一带埋伏七处人马。

李信倚仗自己一鼓之气，一路急行，正遇项燕主力，两军展开激战，难分胜负。屈定的七处伏兵一起杀出，李信所率秦军抵敌不住，7名都尉被杀，秦军大败而逃。项燕率领楚军穷追不舍，连追三天三夜，秦军死伤无数，项燕全部收复被李信所夺之地。

蒙武闻听李信兵败窜逃，忙退兵回到原赵国境内。李信伐楚以失败告终。

秦王政听说李信大败，怒气冲天，削去李信官爵和封地。不过，不久，秦王政又派李信与王翦之子王贲去攻打燕王燕，次年又与王贲攻齐，李信被封为陇西侯。

秦王政对于李信兵败一事，深悔未听王翦之计，于是亲自去到频阳（今陕西富平县东北）王翦家中，恳请这位已经退休了的老将军重新出山。

秦王政对王翦说："寡人不听将军良言，李信二十万大兵果然被楚将项燕打得大败。听说楚兵正在西进攻秦，将军虽然有病，难道忍心不管寡人？"

王翦推辞："老臣病得有些糊涂了，身心已经有些衰老，大王还是另选更有才能的将领带兵吧！"

秦王政说："这次征伐楚国，非卿带兵不行，爱卿就不要推辞了！"

"大王如果万不得已要用老臣，那么老臣非得六十万兵马不可。"

秦王政一笑说："寡人曾经听说，古代大国只有三军，中等国家只有二军，小国一军，出师时并不全部出动，以免国内缺乏兵力。王霸的威势凌驾于诸侯之上，军队也只有战车千乘，一辆战车七十五名士兵，也从未达到十万。而今将军一定要用六十万大兵，真是前无古人啊！"

"古代打仗，约定日期，摆开阵势，双方列阵而战，步伐有一定规矩，动干戈不致重伤，声讨罪过但不兼并土地，虽然诉诸武力，但仍然寓含礼让之意。所以帝王用兵，数量不必很多。如今诸侯以力相争，恃强凌弱，逢人便杀，见地就占，兵力动辄万计，围城经常越年，农夫持刀枪，儿童入兵册，形势所逼，没兵不行。楚国拥有东南，一声号令，百万兵员可备。臣领兵六十万，还恐怕不能克敌，无论如何，不能再少。"

秦王政叹息说："将军征战多年，分析问题精辟透彻，寡人听将军的。"

秦王政车载王翦入朝，即日拜为大将，倾全国之兵力，组成 60 万大军，交付王翦，仍用蒙武为副将。出师之日，秦王政亲到灞上送行。

王翦敬酒与秦王政说："大王请饮此杯，为臣有个请求。"

秦王政一饮而尽说："将军请讲!"

王翦从袖中取出一简，上面开列咸阳良田住宅数处，求秦王政说："恳请大王赐予为臣。"

秦王政看了一下笑着说："将军成功回来，寡人方与将军共享富贵，还怕贫穷吗?"

王翦说："我已然老了，大王即使给我封侯重赏，也只是风中蜡烛，能够光耀几时? 不如在我活着的时候，多多赏赐良田美宅，作为子孙基业，这样我就可

秦王政

以世世代代享受大王的恩德了。"

秦王政大笑，答应了王翦的请求。

王翦大军行至关外，又派使者驰回咸阳向秦王政索要园池数处。

蒙武问："老将军的请求，不是太多了吗？"

王翦手持长髯，面带微笑，私告蒙武说："秦王性格刚强，威风凌厉，但是犹豫多疑，不信他人。如今交与我六十万大兵，这可是倾国之师啊！我多求田宅园池，谎称为后代子孙考虑，其实是为了安慰秦王之心。如果不如此，岂非让秦王怀疑我的忠心？"

蒙武拜服说："老将军高见，蒙武自甘不如。"与敌作战，最怕后院起火。

廉颇老将长平坚壁拒敌，后院一把火，被赵王撤了职，赵国付出了40万大军的代价。还是赵国，著名大将李牧与秦军大战太原，对手是王翦，奸臣郭开在后院放了一把火，李牧惨遭杀害，昏君成了阶下囚……

这些教训太深刻了，所以王翦心思缜密，稳住后方阵地，否则，后果不堪设想！王翦的做法是成功的！秦王政自然明白王翦的一片苦心，那么，他有什么反应呢？

《陕西通志》和《富平县志》有一则耐人寻味、生动有趣的记载资料：王翦大军正在行进，秦王政特使率领一支队伍飞驰赶来，宣告秦王诏书，将芳龄二十多岁的公主许配给将军王翦，哪里追上，哪里成婚。年逾花甲的老将军，一时间成了36岁的秦王政的乘龙快婿……

富平是王翦的家乡，资料有一定可信度，可见秦王政也是费尽心机的。

战争是残酷无情的，战场容不得半点柔情，王翦与公主一夜恩爱之后，跨上高头大马，挥动秦王政亲赐的宝剑，指挥着他的60万大军向南推进……

项燕听说王翦率 60 万大军攻楚，遣使快报与楚王负刍。楚国又发 20 万大军令将军景骐带领，辅助项燕抵抗秦军。

公元前 224 年，王翦大军兵出中原，一举攻克陈（今湖南淮阳）、陈以南地区及平舆一代楚城，然后，连营十余里，修筑工事，坚壁固守。

项燕每日派人挑战，秦军总是坚守不出。项燕以为，王翦老了，胆小怯战。

王翦让士兵休息沐浴，每日杀牛赏兵，与士共食。将吏感恩，愿意效力，屡次请战，王翦总是奉劝他们多饮美酒，养精蓄锐。如此长达数月。

士卒日闲无事，就以投石和超距为戏。所谓投石，大致相当于今天投掷铁饼一类，就是将 12 斤重的石块，放在立着的木头上击出，石块达 300 步为胜，否则为输；能用手掷石块达 300 步，可算更胜一筹。所谓超距，大致相当于今天的"跳高"，就是立一横木，离地几尺，跳跃而过，以此比赛胜负。王翦每天派人登记士兵的胜负情况，了解士兵力量的强弱。

王翦号令，不准士兵到楚占区去樵伐，楚人误入营地，用酒食招待并放还，充分表现出坚决自守的姿态。两军对峙日久，项燕找不到战斗的机会，屡次攻击，总是难克。项燕以为王翦名义上是讨伐楚国，实际上是拥兵自保，因而放松了战备。不久，冬季已到，天寒地冻，楚兵惧寒，项燕准备东返，来年再战。楚兵怕冷，秦兵却耐冻。

突然一天，王翦大宴将士，说："今天我与大家一起破敌！"

将士个个摩拳擦掌，争先恐后。王翦挑选出平时投石超距的高手，骁勇的士卒 2 万人，称为"壮士"，另立一军，作为先锋，王翦将军队分成若干队，从不同路线攻打楚国，下令：楚军兵败，马上占领土地，建立根据地。

项燕正准备东撤过冬，根本没有料到秦军突袭，只得仓皇迎战。秦军2万名勇士积蓄力量已久，都想一试身手，大喊大叫直冲敌阵，无不以一敌百。楚军大败，副将屈定战死。项燕、景骐率败兵东走，一路遭到秦军猛烈攻击，王翦主力乘胜追击。

楚军退到蕲南（今安徽宿县南），秦军追上，两军激战，项燕战死。楚军无帅，兵败如山，上天无路，入地无门。《史记·白起王翦列传》载：王翦大军"乘胜略定荆地城邑。岁余，虏荆王负刍，竟平荆地为郡县。因南征百越之君"。王翦大军经过两年左右的征战，于公元前222年，秦军攻战楚国都城寿春，楚国灭亡，秦设置楚郡，接着征服百越之地，设置会稽郡。

老将王翦平定楚地、百越，班师回咸阳，秦王政出城30里、自郊外御驾亲迎，称赞："老将军宝刀未老，小将军英雄年少。王门父子，大功于秦无双。"亲自扶车进城，赐赏黄金千斤。

王翦坚辞不受，并且送还出师时所索全部良田美池楼阁，回归频阳。当然，能够送还的送还了，不能够送归的，譬如那位小公主——新夫人，自然就带回了故地。

把秦国倾国之兵托付给大将，秦始皇是何等的英勇气概和识人的大智。正是因为他敢于放手让王翦手握重兵，让能人做大事，因此才能在短短的时间里，快速攻下楚国，吞下楚国这块大骨头。秦始皇的果敢与魄力确实是当之无愧于"千古一帝"的称号。

第五节　六国归一

　　秦王政在王翦大军与楚军打得死去活来的时候，又派王翦之子王贲、李信等扫荡赵、燕余党。秦王政二十六年（公元前221年），蒙恬率大军攻破齐都，齐王建拱手投降，齐国灭亡，秦国建置齐郡。

　　秦王政终于统一了天下。

　　随着齐王建的不战而降，秦始皇灭六国的统一大业已经基本完成。为在中国建立起一个空前统一的大秦王朝，秦王政需要有一个安定的社会秩序，特别是防止六国诸侯残余势力的东山再起，死灰复燃。而收缴六国兵器和迁徙山东富豪，便是秦始皇在统一天下之后为国家安定而首先采取的两大措施。

　　秦始皇是凭借着手持兵器的狼虎之师统一六国的。在兼并战争中，六国庞大的军队逐一瓦解了，但却留下了大量兵器。秦始皇统一天下凭借的是智慧和武力，而他又怎能容忍六国军队留下的兵器散落在民间，以酿成后患？因而在统一六国之后，对于瓦解了的六国军队所使用过的兵器，严令全部收缴，有敢私藏者严惩不贷。对于收缴上来的六国兵器，除部分补充军备外，大部分随即从六国故地运回秦都咸阳。待到兼并六国战争完成之时，运至咸阳的六国兵器早已堆积成山。

　　六国群雄被一一歼灭，那些堆积如山的六国兵器应该如何处置呢？在秦始皇智囊团的参议下，终于制定出了处理六国残留兵器的方案，即将这些兵器全部熔铸。六国的兵器除楚国兵器中有相当数量的铁制兵器外，其余多数为铜制兵器。铁制兵器熔铸后可制作各种农具，在秦国各级官吏中很早就有大量的各种铁农具租给农户使用的传统。而如今这堆积成山的铜兵器却一时派不上用场。于是有人提出建议，将铜兵器熔铸成巨型铜人像，立于正在修建中的阿房宫前殿的宫门两旁，这样既可以使天下的人再也得不到兵器，又可以壮我朝宫殿之威，还可以表我朝今后不会再向天下人兵戈相用，永享天下太平。秦始皇欣然批准了这一建议。

　　于是，秦始皇下令："收天下兵，聚之咸阳，销以为钟鐻，金人十二，各重千石，置廷宫中。"

咸　阳

刀枪入库，马放南山，这大概是每一王朝在建立之初都要举行的仪式，即宣扬太平盛世的到来。《史记·周本纪》载：

> （武王灭纣），纵马于华山之阳，放牛于桃林之虚；偃干戈，振兵释旅，示天下不复用也。

秦始皇比其他王朝做得更为彻底，特别是将天下的兵器铸成 12 个大金人，可以算作是空前绝后的壮举。

至于所铸铜人的数量，由于秦王朝是"度以六为名"，任何器物的复数，均要与"六"相配合，而所铸的铜人像立于宫门前通道的两侧，那么当然是铸成 12 个铜人了。而这就是《三辅黄图》中所载的"销锋镝以为金人十二，以弱天下之人，立于宫门"。而这与《史记·秦始皇本纪》中的记载，成了我们了解秦始皇收缴天下兵器、熔铸铜人的始末及其目的的宝贵历史资料。

公元前 221 年，即在秦统一天下的这一年，秦始皇正式下达了销毁六国兵器、熔铸 12 铜人的命令，工作随即开始。

熔铸 12 铜人，这在当时可是一件惊天动地的大事，文献中亦不乏记载。

《汉书·五行志》载：

> 史记秦始皇二十六年（公元前 221 年），有大人长五丈，足履六尺，皆夷狄服，凡十二人，见于临洮（今甘肃省岷县）。天戒若曰，勿大为夷狄之行，将受其祸。是岁秦始皇初并六国，反喜以为瑞，销天下兵器，作金人十二以象之。

《五行志》的说法是：秦始皇以临洮出现 12 个身高 5 丈、身穿夷狄服装的巨人为祥瑞，故作金人 12 以象之。这种说法，实在是难为苟同，因为此事带来强烈的封建迷信色彩，这是我们所不主张的。而这也许就是司马迁作《史记》时未予采取的原因吧。

至于每个铜人的重量，《史记》是这样说的："各重千石"。而《三辅旧事》则说"各重二十四万斤"。在《水经·河水注》中也有所记载：

> 秦始皇二十六年，长狄十二见于临洮，长五丈余，以为善祥，铸金人十二象之。各重二十四万斤，坐之宫门，谓之金狄。皆铭其胸云："皇帝二十六年，初兼天下以郡县，正法律，同度量，大人来见临洮，身足长五丈六尺，李斯书也。"

关于12铜人的下落，据史书记载：秦始皇所铸铜人，西汉时期尚存于长乐宫门；东汉末年，董卓锥破10个铜人，用来铸小钱，余下的两个铜人迁至清门里；到魏明帝时又把余下的两个铜人迁至洛阳，载到霸城时因过重无法运载前行，石季龙将两个铜人迁至邺地，符坚将两个铜人迁至长安后销毁，如此等等。如果这12铜人能够留到现在，或许又是一个震撼世界的艺术精品。

秦始皇一生的追求就是用战争消灭战争，建立一个大一统的帝国。别人手里有武器，总是让人难以放心，于是秦始皇就采用了收罗天下兵器的措施，防患于未然，巩固了刚刚建立的帝国统治。

收缴六国兵器之后，秦始皇还是不放心。在山东六国破灭，天下统一之后，秦始皇对六国旧贵族及其各地的商贾大富豪们并不是太放心，认为他们是扰乱天下的罪魁祸首，极不安定的乱世因素。这些人在秦灭六国的过程中，并没有对秦军进行武装抵抗，也不公然与秦国政权为敌，秦始皇在政治上找不出理由对他们进行法办，抓不住他们的把柄，于是就只能在经济上剥夺其财产。

身为一国之君，必然有其不同于世人的超凡能力，秦始皇洞察时局的眼力非一般人所能及，因此他往往能在此处看到彼处，发现问题，解决问题，从而找到自己稳权固权的方向和方法。

为解决好这一棘手的问题，秦始皇从当年吴起在楚国变法"令贵人往实广虚之地"中受到了启发，于公元前221年，断然下令，将六国旧贵族强行迁至咸阳，被迁徙的富豪商贾总数高达12万户之多。

明眼人一看便知，六国豪富、贵族一旦被强令从原住地迁出，他们在当地的势力、影响力也将随着他们的西迁而消失；而他们在当地的产业事实上也被剥夺。至于这些人被迁到咸阳或其他地区，由于人地两生，财产又难以随身携带，在政治和经济上就没什么影响和势力了，也就无法作乱了。

据《史记·秦始皇本纪》的记载，秦始皇强令迁徙富豪，是分期分批进行的：公元前221年，"徙天下富豪于咸阳，十二万户"；公元前212年，"徙三万户丽邑，五万家云阳"。

据《史记·货殖列传》记载，除了上述大规模地迁徙富豪商贾之外，其他被个别迁徙的富豪，更是举不胜举。如：秦破魏，魏国豪富孔氏被迁往南阳；秦破赵，赵国豪富卓氏被迁往蜀地。

秦始皇迁徙豪富的目的，主要还是从政治上考虑。当这些富豪商贾们一旦从所居的六国故地迁出后，他们在当地的势力便不复存在了。对于他们在被迫迁徙过程中的财产上的损失，也是强迁时没办法的事。秦始皇并非要抢夺他们的财产。

据《史记·货殖列传》中的记载：赵国"迁虏"卓氏被强迁蜀地，"夫妻推辇"而行，到达临邛后，"铁山鼓铸，运筹策，倾滇蜀之民，富至僮千人。田池射猎之乐，拟于人君"。

　　"宛孔氏之先，梁人也，用铁冶为业。秦伐魏，迁孔氏南阳。大鼓铸，规陂池，连车骑，游诸侯，因通商贾之利，有游闲公子之赐与名"。

　　"程郑，山东迁虏也，亦冶铸，贾椎髻之民，富埒卓氏，
俱居临邛"。

　　可见这些被强令迁徙者，孔氏的祖先原以冶铁为业，被迁到南阳
后，又重操旧业，"家致富数千金"，被强迁前的身份往往是富商大贾。
而被称为"迁虏"的卓氏与程郑，强迁前的身份可能是贵族之类，并
非是商贾。他们是在被强令迁徙到临邛之后才从事冶铁方面的工作，从
而致富的。

　　通过史书的记载，我们发现，强迁六国豪富、贵族与收缴六国兵器
一样，这两项政策法令都是在秦王灭六国的战争进程中已被付诸实施
的。只是到了最终统一天下的公元前221年，才得以在全中国的范围内
大规模地施行。

秦国铜箭镞

第七章　一统中华

第一节　百代秦事

空前辽阔的大帝国，采用什么样的行政体制才能进行有效的统治，这是秦始皇面临的一个重大问题。

收缴天下兵器，迁徙富豪，不过是一般性的措施，秦始皇的真正目的还是追求权力的"独断"。秦始皇为何那么喜欢韩非的文章，就是因为韩非主张君王权力独断，这的确是韩非帝王学的精髓。秦始皇已经统一了天下，要追求这种"独断"，还必须有组织上的保证，这就是秦国实行的郡县制。

这件事，今天看起来是自然而然的，而在那个时代，的确也是一场斗争。秦国统一天下之初，已经建立了一个以三公九卿为框架的中央集权官僚机构。

秦始皇的这一套官僚机构，以后的历代王朝大都仿效。三公直接向皇帝负责，所以秦始皇忙得不可开交，可谓日理万机。建立中央机构之后，秦始皇要建立地方政权组织。于是秦始皇"分天下以为三十六郡，郡置守、尉、监"。设置郡县，意味着废除分封。

《史记》的记载虽然只有十几个字，但是这却是秦国的一项带有根本性的行政体制改革。

秦国统一天下之后，是裂地封国还是推行郡县制，这是一个重要问题，后人为此争论了千百年，在秦始皇的大殿内，也展开过激烈的争论。

丞相王绾等人说："诸侯初破，燕、齐、荆地远，不为置王，毋以填之。请立诸子，唯上幸许。"

秦始皇命群臣皆发表意见，很多人都支持王绾的奏议。

李斯异议说："周文、武所封子弟同姓甚众，然后属疏远，相攻击如仇雠，诸侯更相诛伐，周天子弗能禁止。今海内赖陛下神灵一统，皆为郡县，诸子功臣以公赋税重赏赐之，甚足易制。天下无异意，则安宁之术也。置诸侯不便。"

秦始皇谋求"独断"，追求天下永久安宁，当然会支持李斯。

他说："天下共苦战斗不休，以有侯王。赖宗庙，天下初定，又复立国，是树兵也，而求其宁息，岂不难哉！廷尉议是。"

秦始皇一言九鼎，天下即普遍设置郡县。

大秦帝国的国家最高权力机关是"朝廷"，"朝"是指宫内皇帝召见百官、商议并决定国家大事的朝堂，"廷"是指宫外国家各职能部门的办事机关，亦称外廷。朝廷的首脑是皇帝，他凌驾于法律之上，享有至高无上的权力，对国家一切事务拥有最后决定权，此之谓"天下之事大小皆决于上"。

在皇帝之下设有三公九卿，组成中央政府。三公，即丞相、太尉、御史大夫。三公之下设有九卿，即奉常、郎中令、卫尉、太仆、廷尉、典客、宗正、治粟内史和少府，负责掌管各方面的具体政务。

丞相：是中央行政机构的首长、最高的文官，统领百官，辅佐皇帝处理全国政务。秦朝设左、右丞相，以右为尊。之所以设左右丞相，主要还是以相互制约、相互监督为目的。国家大事由丞相总领朝廷大臣集议和上奏。"掌丞天子，助理万机"，为文官之长，丞相为"金印紫绶"。秦统一六国后，原廷尉李斯被任命为秦国丞相。

太尉："掌武事，主五兵"，是指中央行政机构中的军事首长，协助皇帝掌管全国军事，但他不能发兵、调兵，须有皇帝的虎符，才有权指挥军队。在皇帝的直接领导之下，负责处理国家日常的一切军事事务，太尉为"金印紫绶"。

御史大夫：是副丞相，相当于皇帝的秘书长，他负责掌管图书、律令和文书，并有监察文武百官的职权。协助丞相治事，皇帝的命令、国家的法律，经常由他转交丞相颁布。

丞相、太尉、御史大夫作为皇帝在处理国家行政、军事、监察及文秘三方面事务的助手，以中央政府上述三方面事务的最高长官身份，直接对皇帝负责，位在皇帝一人之下，居百官之上，合称"三公"。

"三公"之下设有"九卿"（其数目不止于九），掌管中央政府中的不同职能部门，分管全国的不同行政事务，分别受丞相、太尉、御史大夫的领导，并直接听命于皇帝。秦帝国中央政府的各职能部门有：

奉常：是礼教官，"掌宗庙礼仪"，掌管宗庙、陵墓以及思想、文化方面的事务和活动，并主持礼仪，兼任皇帝侍从，其属官有太乐、太宰、太祝、太史、太卜、太医等。

郎中令："掌宫殿掖门户"，负责保卫皇帝和上传下达，"主管内诸官"，其属官有大夫（大夫掌论议）、郎（郎掌门户，出充车骑）、谒者（谒者掌宾赞受事）。朗中令以皇帝警卫和机要秘书的身份，与皇帝关系亲近。在九卿之中，郎中令拥有较重的实权。

卫尉：掌管皇宫的警卫队长，负责皇宫周围的安全工作。

太仆：掌管皇帝使用的车马，是皇帝仆从的长官。

廷尉：掌管司法，是全国最高司法长官，掌管刑法，负责审理全国重大案件。

典客：相当于现在的外交官，掌管接待宾客的礼仪，负责少数民族事务。有负责民族事务和外交的典客。

宗正：相当皇室内部的大管家，掌管皇室宗族名籍和其他一些皇室宗族事务，维护皇室利益。

治粟内史：掌管全国财税收入和财政开支，是全国最高财务长官。

少府：是皇帝的私人财务官，掌管山海池泽的税收，和皇室私财以及皇帝的生活供应，兼管宫廷手工业。

三公九卿，都有自己的一套机构，处理日常工作，分工明确，各司其职，共同对皇帝负责。最后大事都总制，即把天下分为 36 郡，郡以下设县。后来疆土扩展，由 36 郡变为 40 郡。这三公、九卿，设置地方机构时，秦始皇采纳了廷尉李斯（后任丞相）的建议，"否定分封制，推行郡县"之说，可见其影响之深远。

把天下分为 36 郡，并在全国范围内建立一套有利于中央集权和皇帝专制的行政机构。地方行政机构主要由郡、县、乡、亭、里组成，即郡县制。

郡：中央下设的地方区域，郡有守、尉和监御史。守是一郡的最高长官。总管一郡政务。尉是守的助手，主管一郡的军队。监御史是中央派遣的监察官吏，负责督察郡中的官吏。

县：郡属下的地方区域，主要长官有令或长，万户以上的县叫令，万户以下的县叫长。令、长之下有丞、尉。丞是令、长的助理，尉是一县的军事长官。

乡：一县之内分若干乡，每乡设有三老、啬夫、游徼等官吏。"三老掌教化，啬夫职听讼，收赋税，游徼徼循禁贼盗"（《汉书·百官公卿表》语）。就是说，三老是当地的总头目，负责对人民进行封建礼教的教育。啬夫负责审问案件，征收赋税，游徼负责地方治安。

亭：一般一乡设十亭，亭有亭长和求盗。

里：一亭有十里，里设里正和监门小吏。

里下还有最基层的组织什和伍。十家为什，有什长。五家为伍，有伍长。

这样，就把全国最后的一切权力都集中在了皇帝一人手中。二十几个世纪以来，中国历史上朝代虽然不断更迭，而秦始皇所开创的封建政体却沿袭不衰。故有"历代都行秦政"之说。

秦始皇在全国范围内设置的这套帝制机构，就是一张庞大的权力网，从中央到地方，从郡到县，从县到乡、亭、里、什、伍，层层控制，整个权力集中到中央，再通过中央集中到皇帝一人手中。所有的大

秦朝疆域

臣和郡县长官，都由皇帝一人任免。秦始皇之所以能够制服臣下，靠的就是权势。秦始皇要巩固独裁的地位，必然要集权专制，在威势上压倒群臣，以制服臣下。但是，仅仅制服臣下是远远不够的，君主设官分职以任臣下，主要目的是要"群臣效其智能，进其长技"来统治广大民众。因此君主在集权的同时又不得不进行适当的分权。

一个政权，建立一种什么行政制度，首先要考虑国家的管理和控制能力，必须实行有效控制，否则无论分封还是郡县都是一回事。分封最容易产生的问题就是诸侯尾大不掉；而郡县也会产生藩镇割据。在秦王朝那个年代，分封可能会产生诸侯反叛，郡县又唯恐管理不力。但是秦代的郡县制，成了几千年来的一种基本模式，功不可没。

集权与分权的矛盾，是君臣之间的矛盾，或者说是领导与下属之间的矛盾。

那么秦始皇是如何解决这一矛盾的呢？

秦始皇首先考虑的是如何建立起有利于集权的权力格局，然后在此基础上进行适当的分权。权势独操，决事独断，是最有利于集权专制的，在这两个前提下，君主根据平衡和牵制的原则进行分权，将国家的政权划分为多种权力，如：司法权、行政权、军权、财权、立法权还有督察权等，君主独自掌握立法权，把其他权力交给不同的机关和合适的臣下行使。如此一来，各个机关皆有专职，每个官吏皆有专事。职不逾官，官不兼事，君主通过立法权来控制其他权，使各种权力之间保持大致平衡状态，自然而然也就互相牵制住了。任何人即使掌握其中一种权力，也不能对君主构成太大的威胁。

在权力行使过程中，秦始皇进一步分权。他又把议事权、执行权、督察权、决策权分开，君主独自掌握最高的决策权，用决策权来控制其他权力。

秦始皇不仅掌握分权的原则，控制分权的过程，还能驾驭分权的对象。对大小官吏进行各种控制，把他们的权力限制在一定范围，使他们上下左右互相牵制。分权的结果，造成国家机关彼此之间相互制约，人与人之间互相掣肘。而君主独操权势，从中操纵，以收其利，这就是秦始皇之所以是"秦始皇"的所在。

这套政治制度，是中国古代政治制度的一个重要发展。在此后两千多年的封建社会中，基本上都沿用了这一制度。这一制度对巩固中华民族的统一，促进社会经济的发展和文化事业的繁荣，都起到了十分重要的作用。

秦始皇大权独揽，小权分散。大权独揽，往往是具有雄才大略的君王的习性，而庸夫往往只是贪恶享乐。正是由于秦始皇的雄才大略和辉煌成就，再加上大权独揽的为君原则，所以下面出现赵高那样的歹人，李斯那样以利益为中心的能臣。

秦始皇十分贪恋权势，日夜不息，"天下之事无大小皆决于上，上至以衡石量书，日夜有呈，不中呈不得休息"（《史记·秦始皇本纪》语）。因此方士骗子卢生等说他"贪于权势至如此，未可为求仙药"（《史记·秦始皇本纪》语）。秦始皇求仙药的目的是"欲以兴太平"。

秦始皇之所以日夜不息，是"欲以兴太平!"其实秦始皇"日夜不息"不值得大惊小怪。这么大的国家，这么多的事情，一个国君日理万机，理所当然。

由于那时候是用竹简写奏章，故奏章以"衡书量石"。一天不处理完120石的奏章，秦始皇是"不得休息"的。这无疑是专制主义中央集权制度下，皇帝办公处政情况的真实反映，但是，秦始皇勤于政事的兢兢业业的精神，也跃然纸上。撇开制度不谈，就秦始皇这种态度，较之于历代昏君沉湎于酒色，不理朝政，日夜浑浑噩噩，还是应该予以充分肯定的。

秦始皇这样兢兢业业，似乎没有时间宠爱某位臣子，所以手下的宠臣也不多，赵高算是一个吧。

赵高在秦始皇手下当中车府令几十年，只相当于现代社会的一个处长。赵高干这么多年，只当上一个机要秘书，可谓"参谋不带长，放屁也不响"，可见秦始皇也不是很宠他。

赵高之所以能够干尽坏事，纯属利用一个偶然机会并在李斯的作用下才篡权成功的。李斯凭他的贡献、能力受到秦始皇的赏识理所当然。赵高设计陷害李斯之时，右丞相冯去疾和大将冯劫也因此被捕，两人愤然自杀，可见是忠烈之士。李斯、蒙恬、扶苏、蒙毅、子婴，甚至那个莫名其妙的胡亥，哪一个没有说出一些人话！可见秦始皇并未造就出奉迎拍马的一批人。

秦始皇在世时，淳于越敢当面直谏，要求废除郡县制，恢复分封制，虽然经过李斯的一番演绎，最后导致焚书，但是这个攻击基本路线的淳于越依旧安然无恙。那个因为劝谏"坑儒"而被派往上郡监军的扶苏，并未受到处罚，反而承担了"天下重任"（《史记》语）。如果派扶苏去上郡监军是为了"掺沙子"，防止边将擅权，那么秦始皇为了维持天下太平而这样做，可谓英明之举。

"百代皆行秦政事"，秦始皇设置的中央集权行政制度，起到了层层控制、权力集中的作用，从朝廷到地方，从郡县到乡里，构成了一张庞大的统治网，使分散的地方权力逐层向上集中，最后集中到朝廷。再通过朝廷集中在皇帝手中。这套行政制度，对国家统一、中央集权和君主专制都起到了重大作用。

第二节　焚书坑儒

春秋战国是一个"百花齐放，百家争鸣"的时代，这个时代是中国古代史中绝无仅有的时代，这个时代是中国历史上思想解放的黄金时代。

一个个智慧巨人，一本本永远闪耀着光芒的著作：

儒家学派：孔子的《论语》；孟子的《孟子》；荀子的《荀子》……

法家学派：管仲的《管子》；商鞅的《商君子》；韩非的《韩非子》……

墨家学派：墨子的《墨子》；晏子的《晏子春秋》……

兵家学派：孙子的《孙子兵法》；吴起的《吴子兵法》；孙膑的《孙膑兵法》；魏无忌的《魏公子兵法》……

道家学派：老子的《道德经》；庄子的《庄子》；公孙龙的《公孙龙子》……

杂家学派：吕不韦的《吕氏春秋》……

……

看着这一系列光辉灿烂的著作，想想那一颗颗智慧之星，秦始皇之后怎么没有这样的情况出现呢？

答案就是"焚书坑儒"。这也是几千年来，"暴秦"最大最直接最有力的证据。

"焚书坑儒"实际上是两个独立的事件。

秦始皇统一六国之后，曾仿照齐、鲁等国的制度，设置了博士官职。这些人都是当时各个学派的知名人士，没有行政实权但可以议论政治，更有保藏图书、教授诗书等权力。博士们的特殊地位，牢牢地控制了秦王朝的舆论。

新生的秦王朝为了维护国家的统一和稳定，秦始皇必须采取控制舆论、统一思想的政策，斗争是不可避免的，焚书坑儒就是这样一种政策，激烈而残酷。

秦始皇三十四年（公元前213年），在秦始皇的咸阳宫酒会上，70名博士为这位始皇帝祝寿。仆射周青臣大拍马屁，说什么"自上古不及陛下威德"，被书呆子型的博士淳于越直斥为面腴；淳于越大唱"事不师古而能长久者，非所闻也"的儒家老调，却惹得身为丞相的法家李斯大为不满，认为"今诸生不师今而学古，以非当世，惑乱黔首"。李斯因此倡言："史官非《秦记》皆烧之。非博士官所职，天下敢有藏《诗》、《书》、百家语者，悉诣守、尉杂烧之。有敢偶语《诗》、《书》者弃市。以古非今者族。"（《史记·秦始皇本纪》）

儒家理论的基础就是"厚古薄今"，遥远的三皇五帝是理想的大同世界，后人要以古人为师，才能国泰民安。这个观点必然与秦始皇的"酷法治国"的思想尖锐冲突。秦自商鞅变法后，依靠法家的严刑酷法大大提高了它的军事实力和行政效率，并最终得以吞并六国，统一宇内，因此秦始皇自然批准了李斯的建议——焚书。

《诗》、《书》、百家语，非博士官所职皆烧之，"令下三十日不烧，黥为城旦"。也就是说，民间不许再收藏、传授《诗》、《书》、百家语，但博士职掌的这些书籍还是被保留的。"若欲有学法令，以吏为师"，儒、道、名、墨等诸家学说在民间被禁，唯法令可学，鼓励向"吏"学习各种法令。此外，"所不去者，医药、卜筮、种树之书"，各种相关实用的技艺类书籍也都受到保护。

咸阳城内的一把焚书大火，揭开了秦始皇焚毁文明的大幕，接着这把火在全国各地熊熊燃烧。

这一把火，首先烧去了除《秦记》以外的国家历史档案，这是一笔无法弥补的损失。各国的史书烧了个精光，大大增加了司马迁写《史记》的难度，《史记·六国年表序》："惜哉！惜哉！独有《秦记》，又不载日月，其文略不具。"也使得西晋挖出的魏国史书《竹书纪年》身价倍增。国家史志尽记些颁历告朔、战争祭祀的大事，事关王统，秦始皇要在新的帝国中，抹去过去六国的痕迹，六国的国家史志当然难逃浩劫。

焚书的大火，严酷的法令，并没有完全吓住当时所有的儒生，他们想尽千方百计把书珍藏起来……

这些冒险藏书的人是谁呢？

许慎《说文解字》谈到汉时六种文字书体，其中有一种叫做"古文"。什么是"古文"呢？许慎做了解释，"古文"就是"壁中书"。所谓"壁中书"，汉时鲁恭王要扩建他的宫室，拆迁孔子旧居，从墙壁里面发现了《礼记》、《尚书》、《春秋》、《论语》、《孝经》等书。这些书上所用的书体叫"古文"。

是谁把这些书藏在孔夫子旧居的墙壁中呢？自然的推理是孔子的后代。秦代时，孔子后代孔鲋做陈王涉博士，世传《小尔雅》一书托名为他所著，所以孔鲋应该算是一个。

可能有人还有一点疑问，既然孔鲋在陈涉部下为博士，他怎么没有把这些书取出来呢？史书记载，他在攻打陈地的时候死了。他还来不及等到天下清平就死了，所以他藏在孔子旧居墙壁中的书简才一直不被人知道，经过很长时间才被人们偶然发现。可见他做这件事时是十分机密的，想来一定是秦始皇焚书之时所为。

另外，汉初，年已九十的伏生献《尚书》29篇，因此而弄上一个五经博士。他也是一个保护古代典籍的功臣。

此等功臣肯定还有很多，但是很多都无从稽考，只好让他们当无名英雄了。

当我们今天阅读这些"火口余生"的古代典籍时，我们不得不向这些文化功臣表示由衷的敬意。

焚书之后，紧跟着的还有坑儒。

秦始皇在"收天下书不中用者尽去之"之后，"悉召文学方术士甚众，欲以兴太平"，虽属冠冕堂皇的门面话，但儒生和方士确实还相当自在，甚至可以说很活跃。

秦始皇三十五年（公元前212年），秦始皇羡慕长生不死的"真人"，命侯生、卢生等方士以求灵芝仙药，方士以无法交差而"亡去"。"始皇闻亡，乃大怒曰：'……方士欲练以求奇药。今闻韩众去不报，徐市等费以巨万计，终不得药，徒奸利相告日闻。卢生等吾尊赐之甚厚，今乃诽谤我，以重吾不德也。诸生在咸阳者，吾使人廉问，或为妖言以乱黔首。'于是使御史悉案问诸生，诸生传相告引，乃自除犯禁者四百六十余人，皆坑之咸阳，使天下知之，以惩后。益发谪徙边。"（《史记·秦始皇本纪》）

《史记·秦始皇本纪》中又载：

> 此前卢生劝说秦始皇："臣等寻求灵芝仙药，经常碰不上，就是因为有恶鬼为祟。神仙之主经常隐身不出，就是为避开恶鬼。如果避开恶鬼，真人就会自己来到。如今陛下居住的地

方，臣下尽知，神仙就讨厌这种情况。真人，入水不温，进火不热，腾云驾雾，与天地同寿，与日月同光，长生不老。如今陛下整日忙着治理天下，未能达到恬淡的境界。如果不让人臣知道陛下到底在什么地方，真人就会降临，长生不老的药就可以得到。"

秦始皇听信这种虚假之言，说："我从内心慕羡真人。"于是自称"真人"而不称"朕"。因此秦始皇在都城咸阳200里之内，修建宫观270座，用秘密通道交相连接，各宫观之内，帐帷钟鼓美女一应之物齐备。秦始皇无论走到哪里，任何人都不得泄漏，否则处以死刑。

一次，秦始皇来到一个叫梁山宫的地方，看到丞相李斯车骑经过，觉得仪仗太繁，心中不快。其中有人将此事密报李斯，李斯以后出门，主动减少了仪仗。秦始皇大怒："我的左右，一定有人泄露机密。"于是派人追查，但是没人承认，于是秦始皇尽杀那次在场之人。从此之后，他的行踪，无人知晓。

侯生、卢生此等方士，编造神话欺骗秦始皇，秦始皇听信谣言，照此办理，欲见真人，这应该是可信的。但是要在咸阳周围200里之地，修筑270座宫观，并且用秘密通道沟通，好像不大可能。但是秦始皇要想长生不老，以他的秉性，倒是不容置疑的。

任何骗人的把戏，时间久了总会被人戳穿，方士们对此更清楚不过。侯生、卢生最后的出路自然是充当南郭先生。他们要走，还要走出个正人君子的样子，就像《水浒传》中的鲁智深一样，明明看到那位该死的郑屠已经"只有出气，没有进气"，心中也有些害怕，但还是说了一句英雄的话……卢生他们说了些什么呢？

他们说秦始皇是一位暴君，他们不愿意再为这样的人求仙寻药，然后逃之夭夭。

秦始皇听到这两个方士逃走，并且还出言不逊，联想到为了求仙寻药花费大量钱财，结果还被诽谤，面子上如何过得去？于是认为方士可厌，也讨厌起儒生来，随即派官吏秘密调查在咸阳的儒生。

结果，秦始皇调查出有些人说了些不满他的统治的话。他一律当成妖言，下令官吏严刑审问，那些儒生你咬一个，我咬一个，一下查出了460余人。秦始皇下令"皆坑之咸阳，使天下知之，以戒后人"。

秦始皇焚书的目的是实行愚民政策，让老百姓什么都不懂，这样便于统治；坑儒则是采用高压手段，堵住人们的嘴巴，不让人说话。不过，防民之口，甚于防川，人的嘴巴岂能封得住？

唐朝章碣有这样一首诗：

焚书坑

竹帛烟消帝业虚，关河空锁祖龙居。

坑灰未冷山东乱，刘项原来不读书。

为了有效控制舆论，秦始皇还采用了其他手段，其中之一就是禁办私学。私学与今天的私立学校是不同的。今天的私立学校与公立学校的区别在于投资主体不同，而教学的内容是大同小异。而古代的私学完全是按照"先生"的意思进行教学，是一个很重要的舆论阵地。所以秦始皇要严格控制私学。

当时在秦王朝都城咸阳的孔孟一派的儒生队伍不断扩大，作为各个学派的知名人士，他们可以举办私学，招收弟子，传授学问，有的博士官的弟子多达一百多人。私学，成为当时文教机构中的一股重要力量。

在进行焚书的同时，李斯还指出：不少儒生大都是通过"私学"来进行反动舆论宣传的。焚书之后，书籍没有了，但这些儒生人还在，思想还在，如果让他们继续举办私学，那么他们就会继续以言非今，伪言诽谤，大造反动舆论。因此，必须把教育大权收上来，严禁私学，任何人不得以任何方式私办教育，教育只能由官方举办。

李斯在焚书的建议中规定，禁止传授《诗》、《书》、百家语等，所有的学校，必须"以吏为师"，以法令为教材，不得随意讲授其他内容。据文献记载，李斯的《仓颉篇》、赵高的《爰历篇》、胡毋敬的《博学篇》，都是学童的课本。

秦始皇禁办私学，官办教育，对于控制舆论、宣传统一思想，无疑起到了重要作用。但另一方面，此举却开创了文化专制的先例，对于中国古代教育，也带来了一定的破坏性。

先秦法家的政治哲学有一个宗旨，就是君尊臣卑，建立和巩固一个高度集权的封建专制政权。法家思想家们极力强调法、术、势的重要，尊崇实力和权威，其目的都是为了加强君主的专制和独裁。

汉武帝

秦始皇这把无情大火，结束了一个时代，那就是春秋战国以来那种"百花齐发，百家争鸣"的时代。也是秦始皇的这一把火，揭开了一个新的时代，那就是管吃管穿、管生管死，乃至管到了人的思想的时代。

汉武帝"罢黜百家，独尊儒术"，司马迁多一句嘴，遭受宫刑；班固作《汉书》进监狱……

最令人惨不忍睹的是清代的"文字狱"。什么叫"文字狱"？因为说几句话写几个字而获罪入狱！

我们来看一下"康乾"盛世时的情景。康熙乾隆两位皇帝在位大约一百二十年，有案可查的文字狱有 90 多起。

1778 年至 1782 年，乾隆四十三年到四十七年，仅仅五年，文字狱近 40 起，真是规模空前，不知是否绝后？

我们还是看一些具体的事例吧！

1728 年，雍正年间，发生了一桩"吕留良案"。

吕留良，浙江人，明末清初知名理学家，病死于 1683 年，康熙二十二年。明朝灭亡，吕留良坚决不在清朝为官，出家为和尚，曾经写下"清风虽细难吹我，明月何尝不照人"的诗句，表达拒清复明之态，并写下一系列著作。

1727 年，雍正五年，吕留良已经死了四十四年，湖南永兴人曾静得到吕留良著述遗稿，深受影响，密谋反清复明。事泄被捕，供出吕留良的书信、日记、诗歌等。雍正看后，龙颜大怒，于雍正十年（公元1732 年）十二月，将吕留良开棺戮尸，吕氏一族，或被斩首示众，或被杖责充军，或被没籍为奴。更有甚者，其门生弟子，以及藏有吕留良书信之人均有不少人被杀被关……而"造反"的曾静等人反而开释！这一案件，起因与吕留良多少有些牵连，但是吕留良已经死了四十四年……

有些文字狱，纯属无中生有。

我们再去看一下清代烧书的情况。仅举一例：孙殿起《清代禁书知见录自序》说，乾隆一朝，"将近三千余种，六七万部以上，种数几与四等库现收书"相等的书籍，被付之一炬。大批历史文献和具有进步思想的历史文献化成一阵清烟，造成无法弥补的损失。

秦始皇焚书坑儒，后人批判他是个大暴君。但是历朝历代又有多少人"虚心"向他学习呢？秦始皇在这个方面倒也是后世的"帝王之师"。

就人类文明史而言，对书籍和读书人的迫害时时都在发生，从未中止。类似"焚书坑儒"这样的举动在中国历史上绝非第一次，更远远算不上最大的一次。历史上类似的惨烈之事历历可数，自不待言；而"焚书"更早在秦始皇前一个半世纪即已发生：在商君教引下秦孝公"燔《诗》、《书》而明法令"（《韩非子·和氏》语）。

还应该追寻一下的是，秦始皇焚毁天下书籍，只下令烧毁民间之书，而博士官所藏的《诗》、《书》等诸子百家著作，属于保护之列。这些又到哪里去了呢？

胡三省在《资治通鉴音义》中明确指出：

> "秦之焚书，焚天下之人所藏之书耳，其博士官所藏则故在；项羽烧其宫室，始并博士所藏者焚之。此所以后之学者咎萧何不能于收秦图书之日并收也。"

秦始皇焚书，但是还保留孤本，"焚书坑儒"的直接后果其实真算不得十分严重；而项羽不读书，见到秦朝的东西就烧。可见，彻底消灭《诗》、《书》等诸子百家著作的人是那位"力拔山兮气盖世"的楚国贵族后裔项羽。他焚书的罪行不亚于秦始皇，因为他烧了许多秦始皇下令保存的书，很多是真正的孤本。

胡三省真乃天下第一爱书人也，甚至责怪萧何当时进咸阳的时候，为何不把那些图书先保存起来！从读书人的角度来看，确实只有他有机会保护那些珍贵的图书的。

萧何确实罪过大了，刘邦不读书，项羽不读书，你萧何还不读书吗？后世学者埋怨萧何也是合情合理的，更多的则是感叹……

第三节 开疆辟土

《诗经》曰：

"普天之下，莫非王土；率土之滨，莫非王臣。"

这"普天之下"绝非六国之域。北境浩瀚的沙漠、广阔的草原；南境的高山大川、无际的林海，还没有纳入大秦的疆界。

"率土之滨"也绝不只六国之臣。北境的匈奴，南境的蛮夷还未臣服于大秦帝王的脚下。

沙漠戈壁

公元前 221 年, 秦始皇横扫六国, 登上了帝位。登上帝位的秦始皇, 气势正盛。强大的气势进一步催动了他席卷宇内、气吞八荒的雄心。

秦始皇的内心又开始躁动起来。

秦始皇统一中国之后, 为了扩大统一疆域, 进行了大规模的南征北讨。

统一后, 秦始皇派大将蒙恬北攻匈奴, 收复了河南 (今内蒙乌拉特中后旗西南)、阴山 (今内蒙古狼山)、北假 (今内蒙古河套以北、阴山以南) 等地, 解除了匈奴对秦朝北境的威胁。接着便在那里设置 34 县, 移民开垦, 并大规模修筑长城作为帝国的北疆。

长城西起陇西临洮 (今甘肃朗县), 东至辽东揭石 (今大同江附近), 延绵起伏, 长达 1 万余里, 成为举世闻名的奇迹。

王翦灭楚之后征服百越, 可算是南征的第一阶段。公元前 219 年, 主将屠睢率 50 万大军分五路向越地进发, 部署周密, 士气旺盛, 准备一鼓作气, 马到成功。但是秦军在南岭山脉之间, 峻岭崇山之内, 难以克服峰峦叠嶂的险阻, 难以通行于树木参天、沟壑纵横的地区, 又遭到当地部落的顽强抵抗, 秦军受到了严重挫折。秦始皇又命赵佗率兵增援, 采取稳定军心、和缓与当地人的矛盾、长期戍守的策略, 最终平定百越。

秦、汉时期, 在我国西南部, 相当于今云南、贵州、四川西南等地, 生活着大大小小几十个民族。在这广阔的疆土内, 当时已存在着众多的民族政权, 其中比较大的如云南、贵州西部和北部, 广西北部的夜郎; 云南滇池地区的滇; 洱海领域的昆明; 今四川境内的徙、筰都、白马等等。

杂居在这一区域的众多民族, 由于社会进化程度的不同, 有的已经进入了封建时代, 有的仍处在奴隶制时期, 有的还滞留在原始社会父系氏族社会。由于生产力发展水平不同，他们有的翻土播种，定居务农；有的则以放牧狩猎为主，逐水草而居。

西南地区不仅民族众多，而且地势也十分复杂，高山大川，水急林深，豺狼出没，虎豹横行，交通往来十分不便。

不仅交通艰难，因这一区域属亚热带气候，空气潮热，瘴气流行，再加之蛇蝎等毒虫的肆虐，自然环境十分恶劣。

正因如此，这一区域被当时的人们称为蛮荒，而生活在这里的人们，也被史学家们称为"蛮夷"。

战国末期，这一地区分别由楚、秦所辖。然而，由于上述原因，这两国并未向该地区派遣一官一卒。所以，所谓统辖，只不过是一种说辞而已。

虎狼之师能够横扫匈奴，但西南地区特殊的地形、复杂的环境气候，纵使千军万马也无法派上用场。

秦始皇找来了谋臣商量对策，最后大家一致认为只有修路。有了道路，可以翻越高山大川，密林峡谷；有了道路，可以遣官派兵，运送物资粮草。言而总之一句话：唯有修路才能沟通内地和西南地区的联系，便于加强中央的统治。

不久，秦始皇下了一道诏令，命令一行人马修筑一条内地通往西南的道路。

修路的工作开始了！在通往大西南的崇山峻岭之中，布满了千军万民，他们运用较为原始的工具，开山凿石，伐木建桥。由于这里的地形复杂，气候多变，再加之飞禽走兽经常出没，条件之恶劣可想而知。筑路大军付出的智慧，付出的艰辛更是无法计算。不知有多少人在群山密林的日夜奋战中付出了宝贵的生命。

几年的时间过去了，修路的人们硬是在人迹罕至的深山丛林中开出了一条宽五尺的道路。千百年来与世隔绝的大西南终于与内地沟通相连了。它的北端连接着巴蜀栈道，向南蜿蜒于风光奇特的大西南。

路修通之后，秦始皇的计划开始实施了。他向西南各地派出了官吏，设置了行政机构，当然，也少不了装备精良的虎狼之军。从此，大西南的各族人民与内地有了经济、政治、文化的往来，促进了各民族之间的了解与沟通。

秦始皇基本上没有动用什么军事力量就把大西南正式纳入了秦国的版图。

秦始皇在修筑通往大西南道路的同时，又把目光对准了岭南。岭南有路可行，于是秦始皇果断下令，用兵取之，派大将屠睢率军向岭南进兵。

岭南地区，自古以来就生活着百越族。战国末年，在诸霸之中，属闽越，南越部落最为强大，人数最多，分布也最广。

所谓岭南，即五岭以南。而五岭，又是指哪五岭呢？所谓五岭，即越城岭、都庞岭、萌渚岭、骑田岭还有大庾岭。它们耸立于今湖南、江西、广东、广西的交界之处。

岭南地区，也属亚热带气候，土地富饶肥沃，气候湿润，森林密布，物种丰富。岭南地区与大西南相比，虽有交通，也不甚方便，但物产却十分丰富。

按照秦始皇和谋臣的计划，秦派出了总数达 50 万人的庞大队伍，由大将屠睢统领，浩浩荡荡地向南出发了。

屠睢所率秦军，兵分四路：一路自江西往东，直攻东瓯与闽越；一路顺江西南昌，经大庾岭，攻入东北部；一路自湖南长沙出发，过骑田岭，直逼番禺；最后一路则是由萌渚岭进攻广西贺县。

四路大军，50 万人马，真可谓"多管齐下"，来个瓮中捉鳖。

进攻东瓯与闽越的秦军很快传来了捷报，然而，进攻岭南的秦军进展得却是相当缓慢。他们遭遇到了越人的顽强抵抗。

越人避开了秦军的兵锋，利用地形的优势，与秦军展开了游击战，给秦军以重创。

秦军没有地理优势，加之水土不服，病员日益增多，时间一久，弄得人困马乏，战斗力大大下降，秦军被困住了。

在这种两军对峙的关键时刻，后勤补给便成了关键。交战双方谁能保证前方的供给充足，谁就能获得战争的最后胜利。

越人在自己的土地上作战，兵员及其粮草的补充和供应自不成问题。而秦军虽然在兵力上远远胜于对方，但在千里之外作战给后勤供应带来了极大的困难。

"兵马未动，粮草先行"，这是人人皆知的道理，秦始皇自然也懂得。然而，南方地形复杂，气候多变又该如何是好呢？

秦始皇为此着急了，他知道：若不解决后勤补给问题，几十万秦军无疑是白白送死，统一全国的计划就会付之东流了。于是，他召开紧急会议，磋商解决前线补给问题。

会议之上，众臣们有的不语，有的各抒己见，最后，还是一位得力的大臣提出了一个主意：兴修水道，从水上运输，以保证前方将士的供给。

秦始皇觉得这个主意不错，确实可行，在经过群臣的辩论之后，秦始皇终于下定决心开凿运河保证供给。

公元前214年，秦始皇下令，命监御史史禄负责整个水利工程，想方设法将长江水系与南方的珠江水系沟通。

长江水系和珠江水系因五岭而被隔开，不仅水路不通，就是走陆路也很困难。因此，用开凿运河的方式将两大水系连接起来，工程是何等的艰辛啊！

史禄受命，带领一批人马，忍着南方的酷热潮湿，跋山涉水，勘察地形，测量水流，制定出一套完整的开凿计划。史禄不愧为秦国能人之

长　江

中的能人！

　　史禄把代表两大水系的漓江与湘江连接起来，因为这两条河流同源于广西兴安县。关键是，他还要找到这两条河流最近的结合点，以省工省时省料为前提，开凿运河。最后，他找到了一个最佳位置，两河之间的距离不过几里的路程而已。

　　工程很快就开始动工了，在史禄的直接指挥下，军卒、民工先用山石将滚滚东流的湘江水拦腰截住，然后，又开凿出两条运河，分别进入湘江和漓江。

　　靠北的一条运河引着被堵涨起来的湘江水绕个大弯，又流回湘江，另一条则拉着引入的湘江水沿着蜿蜒不平的丘陵注入漓江。而这条运河就是我国历史上的著名运河——灵渠。灵渠全长30余公里，是当时世界上最长的人工运河之一。

灵渠所经过的多是丘陵，是丘陵地势就有高有低，就会影响水的流速。

为了解决这一难题，史禄经过周密设计，将灵渠开挖得弯弯曲曲，以减少水流落差，放慢水的流速，以保证运输途中物资的安全。他还在灵渠的沿岸上建起了几十座高低不等的水闸，以抬高水流，便于船只的运行。

由于岭南战事紧急，修筑灵渠的工作要日夜不停地进行。不久，灵渠完工。历史上长江水系与珠江水系相互隔绝的时代成为了历史，灵渠成为南北交通的重要水道。

在修筑水道的同时，秦始皇为增援岭南的秦军，又任命任嚣和赵佗为大将，建造楼船，训练水军，一旦水道贯通，便领军南下，增援岭南地区的秦军，以彻底击败顽强抵抗的越人。

灵渠完工的消息传到咸阳，秦始皇高兴极了，他统一全国的计划又可以按部就班地实施了。他立即命令任嚣和赵佗率领船队，满载物资，顺流南下，支援岭南。

任、赵二将所统领的水军，多为楼船。所谓楼船，就是指一种新型的战舰，层高体大，攻防兼备，战斗力极强。

岭南困兽般的秦军，在补给物资到位后，粮草得到了补充，兵力扩大增强了，又恢复了虎狼之势。越人所凭借的地理优势消失了，兵力与装备远远逊于秦军的越人怎能抵挡得住秦军猛烈的进攻，结果是伤亡惨重，彻底战败了。

战败的越人停止了抵抗，缴械投降的同时，向大秦帝国至高无上的皇帝俯首称臣。

自此，岭南正式纳入了大秦帝国的管辖之下。为了巩固统一，也像西南地区一样，在那里设立了行政机构，建立了诸如象郡（今广西崇左县)、桂林郡(今广西桂平县)、南海郡(今广州市)等,并派遣官员,负责当地的行政事务。为了防止叛乱,秦始皇还任命大将任嚣为南海尉,率重兵长期驻守岭南地区。公元前213年,为了进一步巩固岭南的统治,秦始皇又下令,将内地50万罪犯强行迁往岭南,以"戍五岭,与越杂居"。

西南、岭南地区被统一了,秦始皇开疆拓土的雄心终于实现了。南方的统一,结束了越人各霸一方、争战不休的混乱局面,使南北方人民融为一体。北方先进的生产技术很快传到南方,促进了南方农业、手工业的快速发展,推动了整个社会的融和,繁荣和进步。

"人迹所至,无不臣者"。秦王朝是中国历史上的一次真正的统一,是血与火的结果。版图范围海域从南海、东海、黄河,直到渤海,与现代中国海岸线相当;陆地东起辽东朝鲜境内,沿着长城经山西、内蒙古、陕西、甘肃、四川、云南、广西抵海,总面积多达300万平方公里。这的确是亘古未有的壮举,是当时世界上最大的国家。难怪《琅琊刻石》说:六合之内,皇帝之上。西涉流沙,南尽北户。东有东海,北有大夏。这可算作大秦版图的形象描绘。秦国的四边境界状况,大体如下:

秦始皇三十五年(公元前212年),秦始皇立石东海上朐(今江苏连云港市西锦屏山侧)界中,这是秦国东大门。

西南方面,如今的云南、四川、贵州大部分早已成为秦国郡县,秦始皇时期曾修筑五尺道以通巴蜀。

东南方面,王翦大军扫平楚国,降服百越,建置会稽郡和闽中郡,经过秦襄公、秦穆公、秦惠王、秦惠王后宣太后和秦昭王的不懈努力,占有临洮以东土地。秦始皇第一次出巡天下,到达陇西、北地,登上鸡头山,过回中。这大概可以算作秦王朝西边土地。

　　秦始皇对于北部的匈奴，主要采用防御的政策。秦始皇对西北部的事情是比较清楚的，那一群游牧民历来是中原国家很难对付的敌人，他们掠夺成性，经常扰乱边境。最难对付的是他们的骑兵。燕、赵、秦等国都是采用筑长城的办法防止游牧民族入侵。秦始皇派蒙恬击匈奴，筑长城，绝不仅仅是因为听了神仙的话，而是对于北部疆域的一种战略构想。一句话，就是以长城为界，那边是匈奴的，这边就是我大秦王朝的。

　　《淮南子·人间训》曾记载，秦始皇建置桂林、象郡、南海等郡，足迹到达了现今的越南。秦对东南的开拓，有的地方还超出了现在中国的国界。

　　秦始皇对于海岸线的战略思想是去开拓，去发现，其中重要的因素是寻找神仙，当然，按照当时的技术水平，秦王朝向海洋发展还不大可能。但是秦始皇的战略重点一直是东南方，是大海。安定国家是一个根本原因。西北防御，东南安定，是秦始皇的基本战略部署，当然，向海洋进军，无论是寻找仙药，还是开拓活动空间，都是一种探索和追求的表现。

　　秦朝的版图空前辽阔。根据《史记》、《汉书》、《后汉书》、《水经注》等书记载，秦朝一共建置了48个郡，这些郡包括了现代中国版图的大部分，中华民族就是以这块版图为基础，不断地巩固和发展，形成今天的"雄鸡报晓"的辽阔疆域。由此可见，大秦王朝的缔造者秦始皇在两千多年前所创下的这份基业，具有何等重要的奠基意义！

第四节　千秋伟业

秦始皇是中国最著名的皇帝，这是不言而喻的。但是，秦始皇也是一个"熟悉的陌生人"。对于他的是是非非，历来众说纷纭。有人说他是"千古一帝"，有人说他是"绝代暴君"；有人说他功大于过，有人说他过大于功；有人说他是一个正常之伟人，有人又说他是变态的狂徒……

是不是可以说，没有秦始皇，就没有现代意义上的中国？完全可以！

为什么这样说呢？是秦始皇第一次真正统一了中国，奠定了中国疆域的基础；是秦始皇彻底结束四分五裂的割据局面，建立了统一的国家制度、文化传统，建立了大一统的中央集权国家……在中国这块古老的土地上，长期征战不绝，春秋五霸虎争，战国七雄龙斗，各行其是，各自为政，势均力敌。进入战国时代，主要是秦、齐、楚、燕、赵、魏、韩等七雄。这七个国家征战连年，春秋和战国都是一个不断趋于统一的过程。

秦、齐、楚、燕、赵、魏、韩，东南面临滔滔大海，西北背靠茫茫大漠，挺拔的高山，地理环境不同，风俗文化各异，南国春暖花开，北国冰天雪地……天下各国，各有各的传统，各有各的体制，各有各的历史和文化；它们都"宁为鸡首，不为牛后"，都想称王，都想称帝。要在这种情况下统一天下，谈何容易？

在关系到历史前途重大问题的关键时刻，秦王政能够任人唯贤，听取下属意见，并能以大魄力敢于放权、分权。到了公元前 221 年，秦王政终于在祖宗基业上，以自己的雄才大略，在短短十几年中，结束了自西周、春秋战国以来七八百年的封建割据局面，建立了 300 万平方公里的大秦帝国，使中国的政局出现了历史上第一次统一。

乱世出英雄，秦始皇就是乱世中的英雄。他顺应历史的呼唤，横扫六国，并吞八荒，摧毁了旧世界的一切，统一了中国，使得分裂已久的中国，最终走向统一。

在秦始皇的手中，这个帝国的疆域，成了中国疆域的基础；这个帝国开始有了统一的国家制度，统一的法律，统一的度量衡，统一的货币，统一的文字，所以我们称秦始皇为中国统一之父，是他奠基了中国。

"天下大势，分久必合，合久必分"，大一统的观念牢牢存在中华民族的血液中，统一成为中国人基本的常识。统一能够给人民和国家带来许许多多的便利：减少和消除战争，缓解和应付饥荒，增加和促进交流……只有统一才能促进发展，只有统一才能变得强大。各自为政，一盘散沙的局面必须依靠统一才能团结起来，形成强大的力量。

《史记·秦始皇本纪》：秦始皇兼吞六国，"一法度衡石丈尺，车同轨，书同文字"。

统一标准是发展的重要前提，政治领域要有统一的标准，经济领域要有统一的标准，文化领域也要有统一的标准。没有统一的标准，发展就会不平衡，还可能造成混乱的局面。制定统一的标准是继续发展的重要保证。

秦始皇统一了天下后，为了巩固统一，制定了一系列措施。

统一法律

秦始皇统一天下之初，各地依旧沿用旧制，各项法规制度处于极端混乱状态。

在此以前，各国法律制度有着很大的不同。秦国在商鞅变法时，基本上以魏国李悝的《法经》作为秦国法律的蓝本。李悝的《法经》共分六篇：《盗法》、《贼法》、《囚法》、《捕法》、《杂法》、《具法》。商鞅在此基础上又增加了"什"（十家）"伍"（五家）连坐法，又把"法"改变为"律"。

在统一六国前，李斯就向秦王政建议："今天下已定，法令出一。"秦王政采取了相应的措施，颁布执行各项统一的法规。

秦王政把秦的法律颁布全国，令全国各个郡县统一执行。后来秦律内容逐渐扩大，律文逐渐广泛细致，仅陕西云梦一带出土的秦代律简就有《田律》、《仓律》等十八种。秦始皇统一六国后，把秦律颁布全国执行，结束了战国时代各国法律条文不一致的状况。秦律具有苛刻严明的特征，对于"治吏"尤为重视，大量律条是针对官吏制定，官吏犯过，刑罚必加，绝无宽恕余地，所以秦代吏治清明，官吏不敢贪污受贿，也不敢玩忽职守，办事效率极高。

统一货币

秦统一以前，各国的货币非常复杂，其形状、大小、轻重都不相同，计算单位也不一致。西周以来，就产生了布币。《诗经》有"抱布贸丝"之句，即指"布"实际上是一种货币。

战国时期有刀币、布币、郢爰和圆钱四大类。刀币流行于齐、燕、赵等地；布币流行于三晋之地；郢爰流行于楚国大地；圆钱是秦国货币。计量单位有的国家用斤（十六两），有的用镒（二十两）。

秦始皇统一中国之后，下令废除原秦以外通行的六国货币，一律以圆钱为全国统一货币。

规定钱分二等：金币为上等，以镒为单位；铜钱为下币，以半两为

钱 币

单位。半两钱是统一后代替旧币的主要货币。同时还规定：新货币有固定规格，其径寸二分，重十二铢；货币的铸造权归政府，私人不得铸造。秦法律对于私自铸钱者是严加制裁的。

圆钱后来演变成圆形方孔，取象"天圆地方"的含义。

《晋书·鲁褒传》记载：

> 钱之为体，有乾坤之象，内则其方，外则其圆……亲之如兄，字曰孔方。

这种货币一直使用到清末民初，可见其生命力之旺盛。

货币的统一，克服了过去商品流通使用和换算货币的困难，给当时各地的商品交换带来了极大的方便，促进了经济的交流和发展，而且还影响着国家长久安定。

统一度量衡

秦朝之前的各国度量衡制度也非常混乱，不仅大小、长短、轻重不同，单位、进制也不同。以量来说，秦国以升、斗、斛为单位，魏国以半斗、斗、钟为单位，齐国以釜、钟为单位。

一个统一的国家，必须对这些进行规划标准化管理。秦始皇专门为此下诏：

> 二十六年，皇帝尽并兼诸侯，黔首大安，立号为皇帝。乃
> 诏丞相状、绾，法度量则不一，歉疑者，皆明壹之。

秦始皇一当上皇帝就动手做这一件牵涉到千千万万人生活的"小事!"

在陕西云梦一带出土的秦简中，还有专门规定处罚执法不严的官吏条例。可见秦始皇办事的确是雷厉风行，极有魄力。

秦始皇统一后，把商鞅变法时所立的秦国度量衡标准推行全国，并专门颁发统一度量衡的诏书，铭刻在官方度量衡器上，发到全国，作为标准器具。公元前221年，秦始皇向全国颁行新的、统一的度量衡制度，规定为：度为寸、尺、丈、引；量为斗、升、斛；衡为以10钱为1两、16两为1斤、120斤为一石。

当时的1升约合今0.2公升，1尺约合今0.23公尺，1斤约合今256.25克。同时，还执行度量衡定期检查制度，每年二月对全国度量衡器进行鉴定，以保证器具的准确和统一。

统一车轨

战国时期的车轨不一，交通大道的宽度不同，这给统一后的交通带来严重不便。秦始皇下令，全国统一车轨，大车的两轮之间，皆宽六尺，凡不符合这一要求的车辆一律不准使用，史称"车同轨"。这样，便于车辆在大路上来往。这一措施对交通运输业起到了很大的促进作用。

统一文字

汉字是表意系统的文字，传说是黄帝时代一个叫做仓颉的人所创造的。仓颉受到神灵的启发，仰观日月星辰运行之势，俯察山川龟文鸟羽

之迹，因而创造出了文字。文字的出现是一件惊天动地的大事情，于是"天雨粟，鬼夜哭"。这真是一个动人的神话！

汉字的出现，不可能是一时一地一人之功，仓颉可能是对汉字形体进行收集整理的一个重要人物。

汉字的起源，最早可以追溯到八千年前。

殷商时期，已经有了比较系统的文字，这就是现在可以看到的甲骨文，主要用来占卜，因而又叫卜辞。随着时间的推移、社会的发展，文字也用来记录一些重要事件和法律，铸造在鼎、钟等青铜器之上，所以又叫钟鼎文。春秋以前，文字的使用主要在官方，范围相对较小。春秋末年，孔子首创私学，文化向民间传播，文字发展的春天来到了。战国纷争，诸侯力政，文字使用的范围和人群空前扩大，各个国家和不同人群纷纷创造出不同的新字和异体字。

中国古代的文字有着长期演变、发展的历史。直到战国末期，战国"七雄"各国之间乃至于一个国家的内部，文字形体上的差异也是很大的，即所谓"文字异形"。众所周知的典型例子，"马"字在字形上就有多种写法。在齐国的文字中，马字有两种写法；在韩、赵、魏三国，马字另有两种写法；在楚、燕二国，马字又分别是另外的两种不同的写法。总之，在六国之中，仅仅一个"马"字便有九种不同的写法。

同一文字的诸多不同写法，这对于各地之间的文化交流显然是一个极为不利的因素。这种差异极大的六国文字，被人称为"六国文字"。同六国文字并存而又与六国文字不同的是秦国的文字。

秦在统一六国之前所使用的文字基本上是属于"小篆"（又称秦篆），小篆是"大篆"演化而来的。同大篆相比，小篆在形体上更加整齐和定形化，线条简单而均匀，在写法上不像大篆那样纷繁复杂，同时又减少了许多异体字。总之，大篆比小篆难写难认得多。而六国文字与大篆相比还要难认难写，缺乏规律。可见，"战国"末年的秦国小篆是当时最先进的文字。

秦始皇统一天下之时，文字异形，言语异声，成为了大一统的一大障碍。到了今天，怎样识读六国文字成了一门高深的专门化的学问，由此可见当时的文字形体的混乱状况。文字形体的不同，根源在于文字的创造和使用者方法的不同所致，比如"渺"为形声字，"森"为会意字，同类的情况有"泪"、"沟"等。这是汉字表现力旺盛所致。但是"言语贵通，文字尚同"，文字形体的不同，必然增添使用的困难。"书同文"，势所必然。

秦始皇的"书同文"的措施，对中国文化的传播，对于维系中华民族的团结，都产生了极为重要的影响。秦始皇的"书同文"是我国历史上第一次规模宏大、成效卓著的文字规范化工作。

许慎《说文解字·序》指出：

> 秦始皇帝初兼天下，丞相李斯乃奏同之，罢其不与秦文合者。

秦统一文字的基础是秦文，但是也有所改变，所谓"取史籀、大篆，或颇省改，所谓小篆者也"（《说文解字》语）。

秦国统一文字具体的操作步骤是：李斯上奏章，建议以秦文字为基础统一天下文字，即"罢其不与秦文者"。

《说文解字》共 9353 字，异体字 1163 字，以小篆作为字头。这是对汉字进行的第一次全面研究。然后，李斯作《仓颉篇》，中车府令赵高作《爰历篇》，太史令胡毋敬作《博学篇》，作为全国文字形体标准。所以，小篆不能算是一种新创造的字体，只能算作秦人用来规范汉字的一种字形，这种字形是以秦字为基础加以规范而成的。专家研究证明，小篆虽然作为一种规范字体，但并未普遍通用，只是用作刻石等比较正规的场合，而大量使用的是秦统一之前就开始流行的隶书。

那么，何为"隶书?"隶书是一种在秦统一六国之前，比小篆更加简便的字体。

隶书在开始时与小篆的写法没有大的区别，只是一种比较草率和不大规范的小篆，即如郭沫若先生所说："在文字结构上，初期的隶书和小篆没有多大区别，只是在用笔上有所不同。"隶书的特点即它的优点，在于书写上比小篆要草率快捷得多，因而在实践中易被人们所接受和采用，成为民间流行的书写文字。

经过整理后的隶书，字体的笔画直线方折，结构平整，书写方便，不仅在民间广为流行，以至于各级政府所发布的官方文件中，除重要诏书外，一般也采用隶书。整理后的隶书，从此便成为广泛流行的字体，可以说隶书是我国文字由古体转化为今体的里程碑。

秦始皇"书同文"的功绩是千古不灭的。汉语方言自古及今都是普遍存在的。操不同方言的人，如粤方言、闽方言等，与普通话根本不能交流，所以有人至今还说，到了广州就好像到了外国。有人甚至说："天不怕，地不怕，就怕广东人说广东话。"但是汉字在整个中国都可以使用，口谈不行，还可以笔谈。正是由于汉字的这种统一性，中华民族无论是分还是合，总有汉字这条根联系着。中国之所以成为中国，秦始皇统一汉字形体之功不可磨灭。

由于长期分裂割据，各个国家各自为政，"言语异声，文字异形"（《说文解字·叙》语）。秦统一各国之后，如果没有统一文字，将会严重影响政治、经济政策的实施和文化事业的发展。为此，秦始皇命李斯主持文字改革工作，下令须"书同文"。李斯废除了各国的异体字，统一了偏旁的形态，固定了偏旁的位置，规定了字体的笔数，全国一律使用笔画简单、书写方便、易于读认的"小篆"，第一次规范了汉字。在语言文字方面，由于当时国度不同，地区不同，字体写法也出现了很大差异，给经济发展和文化交流带来了很大困难。

秦始皇统一六国后，便命廷尉李斯整理文字。李斯依据籀（音纣）文，制订出了一套笔画简便的新文字，这就是小篆。作为当时的标准文字，通用于公文法令，小篆促进了当时的文化交流。

秦始皇的统一文字和语言措施，既是"统一"的结果，也是"发展"的前提，因而是中国传统文化发展史上的一次重大变革。

土地和徭役制度的改革

田地和赋役，战国各有其制。就土地制度来说，多数诸侯已实行土地私有制，同时仍在一定程度上保持部分土地国有权，有的国家则实行授田制。所以在统一之初，授田制、国有制和私有制并存，各地很不平衡，呈现一种混乱状态。秦始皇三十一年（公元前216年），秦始皇下令"使黔首自实田"，即统令土地占有者如实呈报占有数额，国家承认其私有权，根据数额征收租赋。秦朝的租赋有禾稼（粮食）、刍（饲料）等，还有"户赋"、"口赋"。对徭役和兵役也进行了统一规定。

以上这些，在当时，都是对千百万人习惯的重大改革，而秦始皇竟在十余年中就能胜利完成，充分显示了其帝王的雄才和魄力。

秦始皇开创的帝制机构和建立的各种统一制度，使中国在两千多年前成为世界上疆域最大、文化水平最高的统一国家。在此之后的相当长一段时期，中国封建社会的经济、科学、文化迅速发展，居于世界前列。华夏民族成为举世瞩目的伟大民族，同秦始皇的巨大贡献是分不开的。

历史已经进入了信息时代，秦始皇的封建时代虽然已经一去永不复返，但是秦始皇的丰功伟绩，必将永不磨灭。

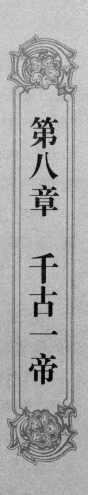

第八章　千古一帝

第一节　始称皇帝

秦王嬴政觉得自己功兼三皇五帝，泰皇虽贵，却难夸三皇五帝之功，于是决定从"三皇""五帝"中各取一字，号为"皇帝"，并批准"制"、"诏"、"朕"作为皇帝专用术语。秦始皇开始了中国皇帝和皇权的历史，他利用三皇五帝的威望来抬高自己，他本人也成为一个至关重要和影响深远的历史人物。

秦统一六国之后第一件事就是议帝号，《史记·秦始皇本纪》记载，秦王政下了一道这样的诏谕：

今名号不更，无以称成功，传后世。其议帝号。

公元前221年，这是秦始皇人生中最为辉煌的巅峰时刻，这更是中华民族历史的"统一元年"。

秦王政在灭六国之前，被称为"秦王"。"王"本是周天子的称号。后来，各国诸侯争夺天下，都相继称王。现在秦王政尽灭六国，已不再是一国之王，他的统治地区已经不止秦国，那么，这位居于七国之尊的秦王政，究竟应该有一个什么样的"帝号"？应该具有多大的权力？

秦王政召集丞相王绾、御史大夫冯劫、廷尉李斯等人，在御前会上开始了"议帝号"之事。他在咸阳宫接受文武百官朝贺的时候说："寡人如今消灭了六国，统一了天下，也该换一个名字了；若不更换名号，仍然称'王'，同原先六国的国王还有什么区别？又怎能显示成功，传之后世？"

"名不正则言不顺，言不顺则事不成"，秦始皇深谙这个道理。在进行统一六国的战争中，秦始皇就"师出有名"，向世人宣布了吞并六国的正义性和合理性，理由是韩、赵、魏、楚背叛盟约，燕、齐敌视秦国，所以要全部消灭，并归于秦。

统一大业完成之后，长期割据所形成的各地差异依然存在。秦始皇以巩固统一为核心，以秦国制度为蓝本，在政治、经济、文化等各个领域实行全面改革，创立空前庞大和统一的封建帝国。

世界已经发生了翻天覆地的变化，如果不改名号，无法表现秦始皇前无古人的功业，并且也不便于留传后世。

文武群臣，七十二博士纷纷搜肠刮肚，冥思苦想，各自进行了充分的准备。丞相王绾，御史大夫冯疾、廷尉李斯等人召集了几次取名专题大会，最后形成了一个统一意见，上奏秦王政，《史记·秦始皇本纪》载：

> 昔者五帝地方千里，其外侯服、夷服，诸侯或朝或否，天子不能制。今陛下兴义兵，诛残贼，平定天下，海内为郡县，法令由一统，自上古以来未尝有，五帝所不及。臣等谨与博士议曰："古有天皇，有地皇，有泰皇，泰皇最贵。"臣等昧死上尊号，王为"泰皇"，命为"制"，"令"为"诏"，天子自称曰"朕"。

什么叫做"泰皇"呢？

《史记索隐》说："天皇、地皇之下云泰皇，当人皇也。"有人认为，"古有天皇、地皇、泰皇，泰皇最贵"，建议秦王政称"泰皇"；有人说，大王德过三皇，功高五帝；有人说，就是把三皇五帝加起来也比不上大王，所以建议称"泰皇"。"泰皇"也就是与"天皇""地皇"相对的天下百姓之"皇"。古书曾说：三光者，日、月、星，三才者，天、地、人。

众臣、博士献上的这一尊号，秦始皇满意了吧！

秦始皇说："去'泰'，着'皇'，采上古'帝'位号，号曰'皇帝'。"

秦始皇为什么要取"皇帝"这一尊号呢？

《史记》说："秦始皇自以为功过五帝，地广三王，而羞与之侔（并列）。"秦始皇以为，他的丰功伟绩已远远超过了三皇五帝，所以，取一"帝"号或"皇"号，不能表示他的功业，所以"集三皇五帝"于一身，称之为"皇帝"。

李斯饱读天下之书，七十二博士也不是凭认识几斗大字就混到这个职位，可是他们殚精竭虑想出来的"泰皇"，秦始皇一句妙语，把这些出类拔萃的人物比得一无是处。

秦始皇"皇帝"尊号的创造，无疑是他的一大创举。

秦始皇已经占有了一个物质世界，七国已经统一，但是中华民族尚有一偌大的精神世界，这个精神世界，靠什么去"统一"呢？秦始皇不可能不考虑这个问题。吕不韦的那本《吕氏春秋》，他一定很熟悉。

《吕氏春秋·贵公》说：

> 天地大矣，生而弗予，成而弗有，万物皆披其泽，得其利，而莫知其所由始，此三皇五帝之德也。

三皇五帝就是一笔巨大的精神财富，因为它存在于华夏人民的心中。秦始皇创造"皇帝"这一尊号，不仅满足了自己超人的强烈欲望，而且轻而易举地占据了一个精神世界。"皇帝"这一尊号，来源于"三皇五帝"，但是又高于三皇五帝，这一名称一经创造出来，一直沿用了两千多年，可见生命力之强大。

秦始皇给自己定下了尊号，然后宣布：朕为秦始皇帝。后世以计数，二世、三世至于万世，传之无穷。

秦始皇自称"秦始皇帝"后，为了显示皇帝的绝对尊严，便规定皇帝自己称"朕"。"朕"，原意是"我"的意思，任何人都可以用，可是自秦始皇称"朕"之后，这个字就成了"皇帝"的专用名词。

在古代汉语中，有许多自称代词，如吾、我、予、余、卬、台、朕，还有像"余一个"、"不谷"（意为不善）、"寡人"、"孤"等谦称词。"朕"在秦始皇据为己有以前，不过是一个普通的代词而已，谁都可以称"朕"，譬如屈原就说"朕皇考曰伯庸"（《离骚》语）。可是自从成了皇帝的专称，平民百姓一听"zhèn"，就会产生出一种神圣而诚惶诚恐的感觉。但是正因为"朕"成为皇帝专用自称词，也决定了它的命运。皇帝存在一天，它就存在一天，皇帝死了，它就消失了。如果今天谁还自称"朕"，不叫人笑掉大牙，也会被人当成疯子。

皇帝有了专门的自称，皇帝所下的命令也应加以区别。于是皇帝所下的"命"叫"制"；皇帝所下的"令"叫"诏"，并让参谋大臣蒙毅找来玉石工匠，选择一块上好的玉石，刻成大印，上刻"皇帝玉玺"四个大字。他认为只要有了这块大印，以后传位就不会有人假冒了。

玉玺分为两种，一种叫"传国玺"，玺方4寸，上部勾交五龙，由和氏璧仔细琢磨而成。文曰"昊天之命皇帝寿昌"，乃李斯亲笔书写；另一种叫"乘御六玺"，共有六方，分别为"皇帝行玺"、"皇帝之玺"、"皇帝信玺"、"天子行玺"、"天子之玺"、"天子信玺"。只有皇帝的印才称为玺，只有玺才能使用玉料，玉玺与朕、制、诏一样，都是皇帝的专擅之物，不许臣民使用。皇帝名号和权位确定以后，皇帝的至亲也随之各建尊号，父亲曰"太上皇"，秦始皇定号的当年就追尊庄襄王为太上皇，母亲曰"皇太后"，正妻曰"皇后"。

秦始皇还命令博士官参照六国礼仪，制定了一套尊君抑臣的朝仪，皇帝高高在上，群臣听传令官之令趋步入殿拜见皇帝；臣下向皇帝进言或上书，也得有一个相当的名称，叫"奏"。群臣上书奏事，一律要采用"臣冒昧死言"的格式。

平头百姓也必须制定一个名称，先秦时代，有民、氓、庶民、黎民、黔首等称呼。"民"与"氓"有土著与移民的区别，"庶"是多，"庶民"则是指普通百姓；"黎"和"黔"均为黑色，穿青衣的叫"黎民"，戴青帕的叫"黔首"。由于秦民习惯上称"黔首"，取其头常戴青帕之意，所以皇帝制曰："更名民曰'黔首'。"

皇帝既然是独尊，那么但凡与皇帝有关的东西都要避讳。首先遇到的是"皇帝"的"皇"字与"皐"形体相近，改"皐"为"罪"，从此汉字多了一个异体。

秦始皇雕像

秦始皇名"政"，所以改"正月"为"端月"，不过这种叫法随着秦王朝的灭亡而又恢复成"正月"。秦始皇的父亲叫异人，为了巴结华阳夫人更名子楚，所以已经被灭了的楚国也一律改称"荆国"，而今还称楚国的那块老地盘叫"荆楚"大地。

避讳作为一种制度古代就有，但是到了秦始皇手中则用法律的形式加以推行，对后人产生了很大影响，产生了家讳、国讳、宪讳、圣讳等，有人还专门为此编书著作，成为一门学问，阅读古代文献又多了一些障碍，说不定评定职称，晋升职务，也可以敷衍几篇文章，真是流风所及，越演越烈。

秦始皇不仅想到自己活着的时候应该至高无上，更想到死了以后不能让人妄加评论。于是，正正经经告喻群臣："朕闻太古有号毋谥，中古有号，死而以行为谥。如此，则子议父，臣议君也，甚无谓，朕弗取焉。自今已来，除谥法。"

秦始皇一句话，永远剥夺了子孙后代及群臣吏民对皇帝一生的功过是非进行评价的权力，实际是只开追悼会不致悼词。谥法开始于西周初年，帝王、后妃、重臣死后，根据一生所作所为进行盖棺定论。

唐人王彦威说：

> 古之圣王立谥法之意，所以彰善恶、垂劝诫，使一字之褒宠，逾绂冕之赐，片言之凌辱，过市朝之刑。

谥号可分为美谥、平谥、恶谥。大多数帝王都可分到一个美谥，只有少数暴君得一个恶谥。秦国自开国以来的五六百年，绝大部分国君都有谥号，其中也不乏恶谥。秦始皇废除了这一规矩，所以秦始皇和秦二世都没有谥，形成了中国历史上的短暂空白，汉朝建立之后，谥法又立即恢复，一直到大清王朝覆灭。

谥号的施行，本来是为了彰褒贬，明是非，"大行受大名，细行受细名"。可是越到后来，美谥越多，恶谥越少，罪恶累累的君王也可以得一个平谥，甚至美谥；并且字数也越来越多，宋代到了17个字，清代到24个字。

常言说，"人死罪归"，谥号简直成了一种歌功颂德的方式，由此产生出一篇篇"屁颂"。早知如此，还不如像秦王朝和武则天的无字碑那样，"不着一字，尽得风流"。

秦始皇认为自己"德兼三皇，功过五帝"，便不失时机地自称"皇帝"。他说："朕在历史上第一个称皇帝，在'皇帝'的前边再加上个始字，叫做'秦始皇帝'。今后子孙做皇帝，就以世数计算，叫做二世皇帝、三世皇帝，一直到千世万世，永远传下去。"这自然只是一种梦想！

"名正言顺"除了"名正"之外，还有"言顺"，也就是正当性。秦始皇用"始皇帝"给自己正名后，开始寻找秦王朝正统性的理论基础。

一个朝代有没有存在的理由，是关系到这一朝代能否兴盛发达、长治久安的重要因素之一。因此，每一朝代的统治者总是要寻找种种理由，为自己的存在论证。秦始皇当然也不例外。

商汤灭夏，便称"桀不务德"（《史记·夏本纪》语），是上天要夏朝灭亡的，商汤是上天派下来接替夏王朝的。商人宣称，他们的祖先是吞玄鸟之卵而降生的。

《诗·商颂·玄鸟》曰："天命玄鸟，降而生商。"商人灭夏被看成是上天的意志。后来周人灭商，也如法炮制。周人宣称：有邰氏之女姜原，在野外踩了"巨人"的脚印，就生了一个男孩，名弃，他就是周人的祖先（《史记·周本纪》语），周人的出现也是上天的安排。当周文王伐耆（又作黎，今山西长治西南）、邘（今河南沁阳西北）获胜后，连商臣祖伊也大声惊呼："上天要结束我殷朝的命运啦。""天既讫我殷命"（《尚书·西伯戡黎》语）。西周王朝的建立被看成是理所当然的。那么，秦王朝的建立是不是上天的安排？它有没有存在的理由？秦始皇是深知这一舆论的重要性的。

战国末年，阴阳五行家邹衍宣传一种"五德始终"说，就是运用金、木、水、火、土来解释社会历史的变化。他认为每一个朝代各占一德，五德相克，往复循环。尧舜时代是土德，夏朝为木德，商朝为金德，周朝为火德。由此可推，如果秦朝是一个正统的朝代，它的存在也是上天的安排，那就必须具有水德。

于是，一种舆论出现了：有人说，当年秦公在打猎时曾获得一条黑龙，那就是水德的祥瑞。秦公是秦始皇的老祖宗，祖宗获得黑龙，就是上天把水德转托给秦人的证据。秦灭周，就是水克火，这是上天早就安排好了的，因此，秦始皇建立的政权完全是合乎天意的。

按照五行家的说法，水为黑色，五行水主北方，北为阴寒，因此，秦始皇以水德立国也要处处体现这些特性。如旌旗、礼服用黑色，处理政事讲究"严刑"、"峻法"、"刚毅"。为了进一步神化其政权，秦始皇还郑重其事地跑到泰山举行封禅典礼，以证明他的帝位是天神授予的，具有神圣不可侵犯性。

秦王朝的正统地位，就在这样的舆论宣传中，被确立起来了。

公元前221年后，中国历史在很大程度上就围绕"皇帝"展开了，从而形成中国的皇帝制度。

中国的皇帝制度始于秦始皇。它延续了二千一百多年，出现过大大小小的皇帝334人，其中《二十五史》本纪中所记载的皇帝就有221人。皇帝制度延续时间如此之长，皇帝人数如此之多，是中国历史的一大特点。

皇帝是封建君主制的一种极端表现，而封建君主制脱胎于奴隶制的等级君主制，是历史发展的必然。皇帝现象不是中国特有的一种现象，全世界都如此，如日本的天皇、英国的女王、伊拉克的国王、俄国的沙皇，当然各国的具体情况并非完全相同，皇帝的表现形式也大不一样，各有各的特殊性。

一个朝代的皇帝，作为一个历史人物，我们应该去认识他，研究他；而一个历史的长河里的众多皇帝们，就应该作为一种历史现象去认识，去研究。这种认识和研究，对我们这个民族是大有好处的。

皇帝是封建王朝的最高代表，是封建国家的象征，具有一套极其严格的制度对其维护，其名号也有明确的规定，皇帝"自称曰朕，臣民称之曰陛下，其言曰制诏，史官记事曰上，车马衣服器械百物曰乘舆，所在曰行，所居曰禁中，印曰玺。所至曰幸，所进曰御。其命令一曰策书，二曰制书，三曰诏书，四曰戒书"。其亲属称号亦有明确的规定，皇帝之父称太上皇，母称皇太后，子称皇太子、皇子，女称公主，孙称皇孙等等。而其最大的特点是权力的无限大、帝位的终身制和皇位的世袭制。

权力之所以无限大，是因为从秦始皇到清宣统的中国是一个中央集权制封建国家。它不是一般的中央集权制，而是封建专制主义（或者叫封建君主制），就是以皇帝独裁为核心的封建专制主义。

在这种制度下，皇帝被尊为天子，至高无上，集国家最高权力——立法权、行政权、司法权于一身，具有绝对的权力，"君要臣死，臣不得不死"就是这个道理。皇帝不受任何约束，没有任何人能管得了他，谏官制度也起不了多少作用。

帝位的终身制和世袭制是封建君主制的必然产物。皇帝制度才可以保持封建王朝的相对稳定。比如唐代延续了二百九十年，清代延续二百九十六年。事实上也不可能有什么别的办法来维持和延续封建君主制。这种高度的集中和绝对权力，在中国历史上曾起过积极的作用，促进了一个统一的多民族的中国的形成、巩固与发展。

第二节 功泽后世

"功在当代，利在千秋"，秦始皇作为一个英明的领导者，高瞻远瞩，不惜人力，修驰道、筑长城，加强了对疆域辽阔的领土的控制，并巩固边防，防止外来入侵。只可惜秦始皇死得太突然，大秦帝国二世而亡，长城与驰道成为了"弊在当代，利在千秋"的大工程，也成为暴秦苛用民力的证据。

站在历史的角度，公正地讲，长城与驰道为中华帝国打下了坚实的基础，是秦始皇功泽后世的两项大工程，也是中国人民在人类文明史中创造的两个伟大奇迹。

在冷兵器时代，长城无疑是一种很好的防御工事，也足以显示秦帝国的强盛，威慑蠢蠢欲动的剽悍匈奴。秦国灭亡了，长城却被保留下来。后人看到长城，自然会想起当年的秦始皇。想起他的残暴，想起他的功绩。

春秋、战国时代，在北部的蒙古高原上，分布着匈奴人。当时他们还处于原始社会末期，以游牧为主，以掠夺为荣。匈奴人经常南下侵扰，掠夺粮食和财物，还捕捉俘虏作为奴隶。

秦始皇并不是第一个修筑长城的人。为了抵御匈奴人，在长达数百年的时间内，齐、楚、魏、赵、燕、韩，甚至中山国，纷纷修筑长城。

这些国家修筑的长城，比较著名的要数赵国的长城。赵将李牧北防匈奴，赵国修筑了一千多公里的长城，防御效果很好。

秦始皇统一天下之后，北部的匈奴势力仍然对秦王朝有着严重的威胁。公元前221年，秦灭赵后，匈奴乘机占据了原属赵国的河南。他们对当地的生产进行破坏，还把大批的汉族人抓去做奴隶。为了保证中原地区的安定，公元前215年，秦始皇派大将蒙恬率兵30万，镇守北疆。经过几次战斗，终于攻取了河南（今内蒙古河套地区）、高阙（今内蒙古乌拉特中后旗西南）、阴山（今内蒙古狼山）、北假（今阴山以南）等地，在那里设置了34个县，分别筑有县城。

公元前214年，秦始皇诏令在北伐匈奴战争中屡建奇功的大将蒙恬负责修筑长城，一时间军民奋战，轰轰烈烈，从齐国临淄开始，绵延万里，到燕国辽东为止，一场人类改造自然、征服自然的伟大运动开始了。

巍峨的群山之巅，蜿蜒着一条巨龙，沿着滔滔黄河，翻越莽莽阴山，看不够崇山峻岭，望不完黄沙漫漫……一直奔到渤海之滨。这就是举世闻名的万里长城。

如今，我们站在长城之下，仰首注目，一阵惊奇，一阵哀叹！

几十万人，绵延万里，正在修造一道偌大的城墙，肩扛背担，那是一种何等壮观的场面？数吨巨石，千仞峭壁，飞鸟难栖的峰巅，仅凭一双手，如何往上搬运？

楚乡童男，齐鲁壮汉，三秦囚徒，在这里，在那里，在一段段长城土地上，到底流了多少血？挥洒了多少汗？

中国的长城作为全人类的骄傲，自不必非议，它的文化意义，无疑将与天地共存。但同时长城作为秦始皇暴政的见证，也成了人们反复谈论的话题。

或许只有秦始皇这样的一代英雄，一代暴君，才有这样的勇气和实力去干这样一件既流芳千古，也遗臭万年的大事情。

从秦始皇开始，在中国历史上，长城就成为伴随帝国兴衰的一个关键词汇。

那么秦始皇修筑长城有什么作用呢？秦长城的主要作用是防御劫掠成性的马背民族——匈奴。

中国西北等地少数民族，几千年来，一直是中原地区统治者伤透脑筋的大问题。这些少数民族，一直过着逐水草而居的游牧生活。他们从小就生活在马背之上，所以人们又习惯称他们为马背民族。秦始皇的祖宗们一直与他们杂居而处，非常熟悉他们的习性。当中原国家强盛的时候，他们就在那片"天苍苍，野茫茫"的草原上过着自己的艰苦生活，主要通过边境贸易的方式同农耕民族，主要是中原人，获取他们所必需的生活资料以及生产资料。每当中原国家四分五裂的时候，又适逢马背民族遇到灾荒，马背民族就会大举入侵，掠夺财产，掳掠人口，给中原统治者造成极大威胁。因而抗击这些少数民族，成了中原国家一件重大的国防任务。秦皇、汉武、唐宗、宋祖，无不为这一问题所困扰。

马背民族的侵略部队是由骑兵组成，骑兵的特点是快，而弱点是攻坚能力相对较差。在毫无险阻的草原上，他们来去如风，但是一旦碰上高山险阻，坚城深池，他们就会望而生畏。

秦始皇统一了中国，"收兵铸金人"，要"刀枪入库，马放南山"。那些恶蛮的马背民族，不在他的统治范围之内，不听从他的号令，可是一时又没有打败他们的办法，不得不施行以防为主的战略，于是秦始皇下令"修长城。"

秦始皇修筑长城，除了防御外敌入侵之外，还在于炫耀他那不可一世的帝国威风。

修筑一条万里长城，花费的人力物力难以用数字计算，特别是秦始皇构想传之万世不绝的秦王朝，转眼之间，短短十几年，旋即灰飞烟灭，因而所谓秦朝暴政便让异朝人们应有尽有地记载下来，以引申联想，便让人更加触目惊心，后人因此也评说不已。

唐代诗人汪遵诗：

> 秦筑长城比铁牢，番戎不敢过临洮。
>
> 虽然万里连云际，争及尧阶三尺高。

诗人在心情感慨而叹气地述说，秦国修筑长城万里，只可以阻挡一下番戎夷狄，转眼樯倾楫摧，流水落花春去也。万里长城还不如帝尧的"土阶三尺"。

贾谊在《过秦论》中说秦"仁义不施，攻守之势异"。国家是否久长，在于仁义，不在于长城。

一道帝国的城墙，一座巍峨万里的长城，随着社会的不断发展进步，到如今，其防御作用早已不复存在了。如今中国，长城内外本一家，早已经拥有了自己新的钢铁长城。

万里长城，是古代世界历史上最伟大的建筑工程之一，是中华民族勤劳勇敢和高度智慧的结晶。它的建成，对于北防匈奴，保卫中原地区经济、文化的发展，起到了巨大的作用。几千年来，它一直成为中华民族的象征，华夏儿女的骄傲。

长城像一张弓，帝国强大之时，弓向外扩张，国力弱小之时，弓向内收缩。这一张一弛，中华民族在长城的变化当中融合，形成了一个拥有 56 个民族的大家庭。修长城，在当时给人民带来了灾难，可是对阻挡匈奴入侵，保护生产发展，也确实起到了积极的作用。长城那雄伟的气势，令人引以为豪；长城，已被世界人民公认为中华民族团结一致和永远不可战胜的伟大力量的象征。

说不完、道不尽的长城！

筑长城是北拒匈奴，而修驰道为了强化帝国内部的统一。"要发展，先修路"，为了建立一个真正的统一帝国，对于交通的重要意义秦始皇比谁都清楚。交通的便利能够大大促进各地区政治、经济、文化的交流和融合，便于对广大领土的控制，有利于帝国的统一和安定。所以，秦始皇毫不犹豫又上马了"驰道"大工程。

驰道首先在于军事意义。战国时期的七雄并立，使得几个大国在边界上都修筑不少的关塞堡垒，加之各国道路路面的宽窄不一，为统一后的国家交通带来诸多不便，因而统一规划交通要道的道路建设，便被放到非常重要的位置上。

秦始皇的智囊团在议事中想到：秦一统全国之后，领土骤然扩大，但目前交通设施情况实为简陋，一旦发生战事，局面很难迅速得到控制。为了调发士卒和转运粮饷方便，还是要从长计议。于是秦始皇在统一全国的第二年，即秦始皇二十七年（公元前 220 年），开始在国内修筑驰道。

驰道以咸阳为中心，《秦始皇本纪》言秦始皇二十七年"治驰道"，《史记·六国年表》作"二十八年"。

所谓驰道，即"天子之道"，即汉代所说的"中道"。秦始皇所修的驰道主要有两条干线：一条是由咸阳向东到原燕（今河北、北京一带）、齐（今山东半岛及沿海一带）的故地，经洛阳、开封、秦安，到达渤海之滨的琅琊山；一条是由咸阳南至吴、楚（今湖南湖北一带），北达九原（今内蒙自治区乌拉特旗），西到甘肃东部。

汉文帝时贾山所著《至言》《汉书·贾山传》记载：

　　"（秦）为驰道于天下，东穷齐、燕，南极吴、楚江湖之上，濒海之观毕至。道广五十上步，三丈两树厚筑其外，隐以金椎，树以青松，为驰道之丽至于此。"

南北东西，四面贯通，全长达数千公里。驰道经过陕西、河南、山东、山西、湖北、湖南、安徽、江苏、浙江、四川、河北等 11 个省，遥遥数万里。驰道宽 50 步，秦以 6 尺为步，50 步即 30 丈（约合今 69.3 米），可见当时驰道路面之宽。所谓"厚筑其外"，是说路面要修筑得隆高；"隐以金椎"，是指路面用锤夯打，平坦坚实，道路两旁每隔 3 丈（即路宽的 1/10）植树青松一棵。这种宽 50 步、每 3 丈间种植一株青松的坚实公路，在当时要耗费多少人力与财力啊！它的建成，真可谓是前所未有的壮举。

驰道到底有多宽，历来为后人所争论。《剑桥中国秦汉史》载：

> 秦在公元前 220 年以后几年建造的"驰道"，其宽为 50 步，将近 70 米，因此宽得难以置信。可能"50 步"系"50 尺"之误，这样其宽度将近 11.5 米。即使如此，它也比大部分罗马的道宽，罗马的道路很少超过 8.5 米。

荣真在《秦始皇——嬴政》一书中说：

> 许多学者将其理解为"每隔三丈，植树一株"，似乎认定御道即为 50 步宽，这可能不确，因为秦 1 步为 6 尺，1 尺约合今 0.7 市尺；50 步即为 300 尺，约合今 210 市尺，或 21 丈，或 63 米。在当时，不可能修筑如此宽阔的"东穷燕齐，南极吴楚"的御道。

总而言之，秦驰道比较宽广，长达数万余里，从京城咸阳向外辐射，确实耗费了巨大的人力与物力。

秦始皇在统一后的十一年中，曾五次到全国各地巡视民情，察看防务，平均每两年一次。所到之处，都要刻立石碑，伸张秦法，歌颂统一，宣扬皇帝的威德，以巩固国家的统一。秦始皇的每次巡游，大都是沿驰道进行的。

驰道的修筑，对于秦王朝控制全国，防守边疆，起到了非常重要的作用。这些驰道，战时便于调兵、运粮，平时便于驿传，在满足军事需要的同时，也大大方便了经济、文化的交流和发展。

所有驰道中，秦始皇最重视的是"九原驰道"。公元前215年，秦始皇命蒙恬率30万大军北击匈奴，将匈奴驱逐至阴山山脉以北，在匈奴的旧境设置了九原郡（郡的治所在今内蒙古包头市西），为了防御匈奴的再度南下入侵，秦始皇决定修筑一条由都城咸阳直通九原郡治所的公路，这就是"九原直道"，一条关系到帝国安危的国防高速路。

秦始皇三十五年（公元前212年），驰道开始动工修筑，到公元前210年，仅用了两年半的时间，这条长达1800里（约合今1400里）的公路便全线修筑完成。

据今人考证，驰道从距离咸阳北不远的云阳出发，经今陕西省淳化县北梁武帝村北行，到达子午岭上，然后循主脉北行，直达今陕西与宁夏交界处的定边县南，再由定边县南折向东北，进入鄂尔多斯草原，经乌审旗北、东胜县西南直达今包头市，即九原郡治所。从九原郡治所与秦都咸阳之间的山川地势来看，这条由咸阳北上中经定边折向东北直达九原的公路路线，是咸阳到达九原郡的捷径。这不愧为当时地质勘测的一项先进成果。

驰道的线路，在子午岭（今陕西黄陵县西北和甘肃两省交界处）至定边的一段，是修筑在山岭上的，难度可想而知；由定边至九原的一段，则修筑于在平原的草地之上。驰道的路线表明，修筑这条道路要遇到许多困难。

据《史记》一书记载：

> 始皇欲游天下，道九原，直抵甘泉。乃使蒙恬通道，自九原抵甘泉，堑山堙谷，千八百里。道未就。

驰道在修建时曾遇到不少的艰难险阻。司马迁在《蒙恬列传》中曾谈到，他曾从北部边境返回长安，便是经驰道而归，并在途中观看蒙恬所修长城亭障，堑山堙谷，通直道，工程之浩大，确实使用了大量的民力。

一条从甘肃庆阳进入陕北延安府境内的大路，《古今图书集成·职方典·延安府·古迹考一》曾有记载：

> 从山岭修成大路，可并行二三辆车，遇险阻则转折蜿蜒，从西塞外来，经庆阳入鹿境，至西安嵯峨山而尽。不知为何代而修。秦始皇三十五年，使蒙恬除驰道，由九原，抵云阳，堑山堙谷千八百里，或即此也。

《古今图书集成》所载山岭中的大路，很可能就是当年的驰道。据史念海先生考证，在今内蒙古伊克昭发现了百余米的“驰道”路基，路面残宽 22 米。子午岭上的驰道遗迹则宽 4.5 米。

《史记》的《蒙恬列传》、《匈奴列传》中明确记载大将蒙恬率 30 万大军北驱匈奴，收复黄河以南的土地后，修筑长城，“通驰道”。可见驰道是蒙恬率 30 万军民修筑而成。驰道的取名，即《史记》及《索隐》所引苏林所说的“直通之”、“去长安千八百里，正南北相驰道也”。由于这条道路的修筑在国防上具有重要意义，因而在两年半的时间内便修成了。

除了以上所说，还有一条“新道”。新道是秦军进军岭南时在现今湖南、江西、广东、广西之间修筑的道路。关于“新道”，在《史记·南越列传》中也有记载：

至二世时，南海尉任嚣病且死，召龙川令赵佗语曰："闻陈胜等作乱，秦为无道，天下苦之……豪杰畔秦相立。南海僻远，吾恐盗兵侵地至此，吾欲兴兵绝新道自备，待诸侯变。"

《索隐》苏林云："秦所通越道。"可见，新道，既是指中原通往岭南、南越的道路。《读史方舆纪要·八一》：湖广永州府零陵县有驰道，阔五丈余，类大河道。《史记》载秦始皇命天下修驰道，以备游幸，此其遗迹也。明代邝露的《赤雅》一书载：

> "自桂城（桂林）北至金湘七百里，皆长松夹道，秦人置郡时所置。少有摧毁，历代必补益之。"

《读史方舆纪要》所言驰道以及由湖南通往广西桂林的道路，即属于秦汉时所修筑的湖南、江西、广东、广西之间的"新道"。

秦始皇一统天下后把修筑道路作为一件大事，为此投入了大量的人力与物力，表现出他作为大秦帝国缔造者的高瞻远瞩。修路绝非只是为了方便他个人巡视天下。开天辟地，修道筑路，是秦始皇有功于中国历史发展的重要内容之一。

秦始皇统一六国后所修筑的主要交通干线以及干线外的诸多"驰道"，不仅有利于巩固边防，同时也有利于加强中央对地方的联系与控制，有利于加强中央集权、消除封建地方割据，有利于维护多民族国家的统一。而且对秦国各地区政治、经济、文化的交流与发展也起到了非常重要的作用。

大秦帝国的基建工程，特别是长城和驰道，对于华夏大一统帝国具有深远的重要意义。

第三节　巅峰帝国

　　骊山墓，又称骊山陵，坐落在骊山脚下（今陕西省临潼县以东约五六公里处），高 50 余丈（约 116 米），深及三泉；周围 5 里，即每边约 600 米，陵内建有宫殿、楼阁、朝房，种植草木，象征山林，下面用水银铸成江河大海，象征八方土地；陵内穹顶用珍珠宝石筑成日月星辰，以作天象，室内点燃用鲸鱼油制成的长明灯，视如白昼。此外，秦始皇为防人盗墓，还用尽心机，让能工巧匠在陵内设计暗藏机关，只要有人一进陵墓，便被立即射死，有进无出。陵墓的四周，设有内城外城，内城为正方形，周长 2500 米，在东、西、北三面设有城门；外城为长方形，东面设有城门。

　　在东城门外的北侧，是成千上万的御林军塑像，一排排严肃雄伟，整齐划一；一个个身着盔甲，手执各种各样的精良武器，全副武装，威风凛凛；陶马四匹一组，后拖战车一辆。再现了秦王朝军旅的强大阵容。

　　秦始皇把这些兵马俑埋在俪山墓附近，一是为了象征自己南征北战统一六国的不朽业绩；二是让它们在自己死后继续执行保卫任务。

　　……

　　据历史记载，秦始皇对于自己的后事早有安排。秦始皇从 13 岁继承王位时起，就开始在骊山脚下修筑他百年以后的陵墓了。统一六国后又扩大修造陵墓的规模，每年使用刑徒 72 万人，一直修到他在沙丘病死，骊山陵墓还没有完全修好。

修筑帝王陵墓是一项巨大的工程，治陵工程旷日持久，所以很自然地带上了祝寿和永恒的象征，因而帝王生前为自己修陵造坟已经成为一种时尚，陵修得越大，越显示出帝王的威风，修陵的时间越长，越是预示着主人会高寿。历代帝王为自己修造陵墓便美其名曰造"青陵"。秦皇汉武唐宗宋祖谁不大修其坟，看来修坟造墓在古代已经蔚然成风。

在秦朝当时还有这么一首修造陵园的民谣：

> 运石甘泉口，渭水不为流。
>
> 千人歌，万人吼，运石堆积如山阜。

甘泉口位于今陕西省淳化县附近。秦始皇的陵园不是在骊山脚下吗？骊山有的是石头，为什么不在骊山脚下就地采石，要北渡渭河，兴师动众到甘泉口去开采和搬运石头呢？

现代地质调查资料表明，骊山从山脚到山腰都是麻片石，山顶是花岗石。这类石料开采比较困难，很难加工打磨。而渭河北面是上古时代地层，岩石主要是石灰石。这类岩石开采比较方便，容易加工成形，是优良的建筑材料。现在从秦始皇陵见到的石料，正是从渭河北运来的石灰石。

骊山陵所用的建筑石料为什么要到甘泉口去搬运和开采？是否还有其他原因？譬如害怕开采石料挖断骊山地脉等呢？也可能有这方面的原因，但是已经难以探究了。

骊山陵是一个浩大的工程，真实的情形到底如何呢？由于年代久远，史书的记载也很零乱，这里只能选取几个特写镜头，窥一斑而知全豹。

根据《史记·秦始皇本纪》、《汉书·贾山传》和《拾遗记》等记载：从地表上看秦始皇陵，今天只能看到一个平地堆积起来的巨大的黄土堆，好似一个口向下的方形巨斗，高 47 米，东西长 345 米，南北宽为 330 米。陵外围有两道城墙。内城为正方形，周长为 2525 米，边长为 631 米左右，外城为长方形，周长为 6294 米。

地表下面，一直凿到见地下水，然后用铸铜浇灌，防止泉水上溢，然后再安放棺柩，正是《史记》所说"穿三泉，下铜而致椁"者也。

墓室里面，修筑百川、江河、大海，里面灌满水银；地宫之内，房屋齐备，一如秦始皇生前，百官位次，刻成石像，侍立两旁。下具地理，江河流布，村舍四野，宫室狗马，无一不备；上具天文，日月星辰，流光溢彩，雕龙画凤，应有尽有。一切物品，皆用珍珠宝石黄金镶嵌而成，极尽人间奢侈豪华。

由于秦始皇的仓促死亡，骊山陵的修筑最终实际上是由秦二世胡亥完成了。或许是对父皇的崇拜；或许是阴谋篡位后的内疚；或许试图建立自己的权威……秦二世胡亥在骊山陵的工程上，几乎是不计任何代价，竭力追求完美。秦二世胡亥要借助千古一帝的伟大葬礼来彰显大秦帝国的威仪，以及帝国的继往开来。

据《史记》记载，秦二世胡亥登基后，曾命工匠在他父亲秦始皇的坟墓内（今在陕西临潼骊山）"以水银为百川江河大海，机相灌输，上是天文，下具地理……"

骊山陵是地上的人间仙境，胡亥不能让秦始皇在黑暗中过日子，于是秦二世下令在陵墓中掌灯。

聪明的中国古代工匠居然想出了办法，他们将鲸鱼油做成玉象，玉象口衔火珠为星来代替膏烛，这样秦始皇就可以永远沐浴在光明之中了。其实，要想墓室之中灯光永远不灭是绝不可能的，因为油会烧尽，墓中氧气会用完……当然，秦二世相信，文武大臣相信，所谓信之则有。

"视死如生"是中国葬礼的基调，秦二世为了父皇在另一个世界不孤独寂寞，竟然"生殉"。"先王后宫凡是没有子女的嫔妃，不宜再放出去，一律殉葬"。秦献公年代，早在公元前370年左右，为了缓和阶级矛盾，秦国就已经废除了以活人殉葬之陋习。

杜牧的《阿房宫赋》中说：

"阿房宫中妃子、媵妾、女官，洗脸洗下的胭脂水，渭水河上都泛起了一层油腻；有些女人，时时盼望秦始皇的宠幸，却三十六年未见一面……"

虽然这属于文学作品的夸张，秦始皇后宫女人成千上万，不容置疑，而胡亥的一句话却连着成千上万人的性命。这是中国历史上帝王的一次空前绝后的大规模残杀妇女的罪恶事件，罄竹难书。

除了后宫女子之外，还有更多的无辜者。

秦二世唯恐修筑秦始皇陵的能工巧匠和知情者泄漏陵中机关，丧事完毕，将这些人统统活埋在地宫里。如此浩大的工程，如此众多的宝藏，到底有多少人经手，多少人知情，这也是一个很骇人的数字。《汉书·刘向传》中指出："多杀宫人，生埋工匠，计以万数！"这也只是一种事后的推测，这实际上是一个无法确知的数字。秦二世诛杀工匠人等，保证陵墓的安全是一个原因，因为地宫里设有各种各样的机关，这样他认为就可以万事大吉了。活埋这些工匠，对中国科学艺术的发展造成不可估量的损失。

这么一座规模宏大的墓穴，必然引起众多目光的注视。于是秦始皇陵墓不可避免地遭到破坏。

《汉书·刘向传》载：

> 项羽燔其宫室营宇，往者咸见发掘。其后牧亡牧儿羊，羊
>
> 入其凿，牧者持火照求羊，失火烧其棺椁……

北魏地理学家郦道元在《水经·渭水注》中的描写更为详细：

> 坟高五丈，项羽入关发之，以三十万人，三十日运物不能
>
> 穷。关东盗贼销椁取铜。牧人寻羊烧之，火延九十日不能灭。

大概正是由于这些记载，李白才有"但见三泉下，金棺葬寒灰"
的诗句。杜牧《过骊山作》也有这样的诗句："牧童火入九泉庄，烧作
灰时犹未枯。"

由此推断，秦始皇陵最先被项羽30万大军挖开，财物运了30日尚
未运完。后被牧羊人烧得干干净净。

不过据有些古书记载和历史传说，又是另一种情况。

陕西西安流传着这样一个故事：

> 秦陵南部上陈村有一个70余岁的老人在打井时发现了一块光
>
> 滑的大石板，召集众人掀开后，见是一个极深的地下空间。派两
>
> 名青年人腰捆绳子持火把下去打探，两人上来后说地下空间大得
>
> 看不到边际，里面有石室，室内倒卧着许多披红挂彩的美女，四
>
> 周摆着石凳、石椅，还有许多铜质的器物。村人以为遇到了阳间
>
> 鬼魂，忙撒些硫磺、石灰入洞内，又将土复填起来……

从这个传说来看，秦始皇陵并没有被全部挖开。秦始皇兵马俑只是
部分遭到破坏，秦始皇陵墓里的东西还多得很。

一本叫做《录异记》的书中载：唐僖宗年间，有一个盗墓贼被官
家抓住，盗墓贼招供说，他已经盗墓十年，已经盗尽咸阳以北，岐山以

东，陵城以外的全部古墓，这个贼专门讲述了他准备洗手不干的一次盗墓。有一次，他们挖开一座古墓，石门刚打开，箭如雨下，射死数人。往里面扔石头，箭又射出来。投了十多次以后，不再射箭了。于是打着火把进去，至第二重门的时候，看到几十个木人，睁开眼睛，挥动宝剑，连伤数人。继续往前进，南壁有一口黑漆棺木，用铁索悬挂起来，下面堆积着金银珠宝，众人感到惊诧不已。可是尚未搬动珠宝金玉，棺木两角飒飒起风，飞沙直扑人面。风越来越大，飞沙如柱而下，很快超过膝盖，众人惊恐奔跑。有人刚走出墓门，门就已被堵住，后面的人全被沙埋在里面。

这可算是一个神话似的故事，此书真可"录异"。秦始皇的陵墓，应该比这更加神秘、更加引人入胜吧！

秦始皇陵修了几十年，费耗了多少人力物力，恐怕即便是像项羽那样公开挖掘，也难以挖到地宫。30 万人去挖掘秦始皇陵，人往哪里站，怎样挖都是未解之谜，所以《汉书》、《水经注》中的记载，也只是推测而已。

自 20 世纪 50 年代起，陕西省文物工作者对秦始皇陵进行了大规模的地面勘察和地下钻探，留下了 20 万个钻孔。钻探资料表明，秦始皇陵地宫上的封土没有发现局部下沉的迹象，夯地层也没有较大变动变松。在整个封土上只发现两个直径不足 1 米、深不过 9 米的小盗洞，但是这个盗洞距离地宫很远。根据钻探材料分析，秦始皇陵地宫东西宽 496 米，南北长 515 米，总面积达 255440 平方米。有人推测秦始皇陵深度不会少于 24 米，有人推测最少在 50 米以上，仅深 9 米的盗洞，离地宫较远，所以，不可能进入秦始皇陵地宫。

这说明，秦始皇陵的地宫尚是完好无损的，只有等待将来考古发掘之后，才知道其中的秘密。至于《史记》记载的坟墓内"以水银为百川江河大海"，这个千古之谜得到了现代科学的证明。

一些地质学家根据水银（汞）具有很强的挥发性的特点，做过猜想：如果确如史书记载的话，那么经过两千多年，这些水银必定会向外部挥发，从墓室到地面必然会形成一个强弱不等的"汞晕"。

如果应用现代微量汞的探测技术，能否在陵墓上方发现"汞晕"呢？

1981 年，有关部门组织大量的人力、物力对秦皇陵墓进行了初步探测。果然在陵墓附近的地表发现了很强的汞异常现象。

1982 年，经过更详细的测试，圈出了汞异常的确切位置。结果在封土中间部位 12.5 万平方米的范围内，圈出了 1200 平方米汞异常区。地质学家认为，强汞异常系来自陵墓内部，从而证实了史书中的有关记载。贮存如此大量水银，可见秦始皇时期我国的提炼技术已达到了相当高的水平。

尽管骊山陵仍然保持着神秘，但是，20 世纪 70 年代的一个偶然机会，我们发现了秦始皇兵马俑，这是一个震惊世界的考古大发现，一个伟大的帝王，以及伟大的帝国，出现在世人面前。

20 世纪 70 年代，在陵墓东侧 1500 米处，发现 3 个大型兵马俑坑，坑内随葬的大量与真人真马等同的陶制彩绘兵马俑和当时使用的各种实战兵器，现已陆续破土再现。近万个陶质执弓箭、长矛、戟剑等实战武器的兵马俑，队伍整齐，阵容浩大，气吞山河，被誉为世界第八大奇迹。这威武雄壮的秦俑军阵，生动地再现了当年秦始皇"飞剑决浮云"，横扫六国诸侯和创建统一大帝国的气势。

秦始皇兵马俑博物馆被列为中国十大名胜之一，现已被联合国教科文组织宣布为世界文化遗产。按照被发现的时间把它们分别定名为兵马俑一、二、三号坑。3 个坑的总面积为 22780 平方米。

一号坑平面呈长方形，东西长 230 米，宽 62 米，深 5 米，总面积 14260 平方米，坑道内有 10 道 2.5 米宽的夯土隔墙，隔墙上架着粗大的横梁，再铺芦席、细泥和土。底部以青砖墁铺。一号坑兵马俑按实战军阵排列。俑坑的东端是一个长廊，站着三排面向东的战袍武士俑，每排 70 件，共 210 件，手持弓弩，他们是一号坑军阵的前锋部队。长廊南边有一排面向南的武士俑，是右翼，北边有一排面向北的武士俑，是左翼。西边有一列面向西的武士俑，是后卫。他们手执弓弩等远射兵器，担任整个军阵的警戒任务。10 道隔墙隔开的 11 个过洞里排列着 38 路面向东的纵队，每路中间都排列有驷马战车。陶俑全部身披铠甲，手执长兵器，他们是一号坑的主力部队。一号坑共有 27 个探方，出土兵马俑 6000 余件，其中以步兵居多。

一号坑东端以北 20 米是二号坑，它是由 4 个单元内的 4 个不同兵种构成的曲尺形军阵，估计可出土陶俑 1000 多件，车马和鞍马近 500 多匹，面积 6000 平方米。

第一单元，即俑坑东边突出的大斗子部分，是由 334 件弩兵俑组成的小方阵。第二单元，即俑坑的南半部，包括一至八过洞，是由 64 乘驷马战车组成的方阵。每乘战车有军士俑 3 件。第三单元，即俑坑的中部，包括九至十一过洞，是由 19 乘战车和一百余件随车徒手兵俑组成的方阵。第四单元，即俑坑的北半

兵马俑

部，包括十二至十四过洞，是由战车 6 乘、鞍马和骑兵俑各 124 件组成的骑兵阵。四个单元有机联系构成一个大阵，又可以分开构成四个独立的小阵，能攻能守，自我保护力强，反应快速。

二号坑的四个单元中就有三个单元布有车兵，战车占到整个军阵面积的一半以上，证明在秦代车兵仍为作战的主要力量。

三号坑在二号坑以西、一号坑以北 25 米的位置，平面呈凹字形，面积为 520 平方米，仅有 4 马 1 车和 68 个陶俑。三号坑内发现了一种无刃兵器铜殳。铜殳在秦代是一种专门用于仪仗的兵器，在北厢房内还发现有残鹿角一件，动物朽骨一堆。可能是专供战前占卜或祷战活动的场所。通观三号坑整个布局，它可能是整个地下军阵的指挥部——军幕。

陶俑最低为 1.78 米，最高为 1.97 米，轻重也不同，最轻的不到 110 公斤，而最重的则达 300 公斤。今天人们已看不到陶俑当年那色彩绚丽的原貌。但是绝大部分陶俑和陶马身上仍有颜色的残迹，个别的色彩甚至完整如新。颜色的种类有红、绿、兰、黄、紫、褐、白、黑、朱红等十余种，均为矿物质原料，表明两千多年前我国劳动人民已能大量生产和广泛使用这些颜料。这不仅在彩绘艺术史上，而且在世界科技史上都有着重要意义。

兵器中最引人注目的是一把青铜剑，历经两千多年表面没有生锈，至今仍锋利无比，光亮如新。一次能划透 20 张纸。经鉴定系铜锡合金，并含十多种其他稀有金属，表面有 10～15 微米的含铬化合物氧化层，表明曾采用铬盐氧化技术处理。镀铬技术是在 20 世纪 30 年代由德国人发明的，而中国在两千多年前就开始在兵器上镀铬，实在令人叹服。

1980 年 12 月，在秦始皇陵西侧 20 米处，发掘出土了两乘大型彩绘铜车马，按照发现的顺序，被编为一号和二号铜车马。这两乘车都是四马单辕，呈前后纵向排列，前面的一号车应为古代的"高车"。二号车叫"安车"，分为前御室和后乘室。两室之间隔以车墙。赶车的人坐在前御室，主人坐在后乘室。车上有椭圆形伞状车盖。此车通体施以白色为底色的彩绘，二号车配有1500余件金银构件和饰物，显得华丽富贵。它可能是供秦始皇出游时乘坐的。一号车上配备有弓弩、箭头、盾牌，驾车者带有官帽，这说明此车是用来保护后面二号车的安全的。

铜车马处处依照真车、真马、真人制作，除尺寸约为真马、真人的二分之一，其他都与真车、真马、真人无异。铜车马由大小3400个零部件组装而成。车长3.17，高1.06米。铜马高65~67厘米，身长1.2米，重量也各不相同，最轻的为177公斤，最重的为212.9公斤。车、马、人总重量达1243公斤。主体为青铜铸造而成。车马的金银装饰品共计1720件。金银器总重达7公斤。其制作工艺之高超，造型艺术之逼真，令人赞叹不已。如伞状车盖厚4毫米，车窗仅厚1毫米，还有许多透孔。

马璎珞用细如发丝的青铜丝铸成，直径仅有0.1毫米。马的项圈是由42节金和42节银焊接起来的，考古学家们只有借助放大镜才能看到这两种熔点不同的金属的焊接痕迹。马的笼头是用一根金管、一根银管，采用子母扣连接的形式制成，笼头上有根销子，拔下销子就可将笼头完整地取下来。据初步研究，制作铜车马采用了铸、焊、铆、镶、嵌、錾、刻等多种工艺手段。

铜车马是我国时代最早、驾具最全、级别最高、制作最精的青铜器珍品，也是世界考古发现的最大青铜器。它的出土，为考证秦代冶金技术、车辆结构、工艺造型等提供了极为珍贵的实物资料。

自20世纪70年代秦兵马俑发现以来，经过几代考古工作者在秦始皇陵园内外陆续勘探发掘了数百万平方米的建筑基址，600余处各种陪葬坑、陪葬墓及修陵人墓，发掘出 5 万多件各类文物，但这个规模空前的陵园仍留下许多谜团。

死葬骊山陵，生有阿房宫。秦始皇在兼并六国时，每灭掉一国，就命人把该国宫殿绘制图样，在咸阳仿造。统一后，他曾打算扩建苑囿，西起雍城、陈仓（今陕西凤翔、宝鸡一带），东至函谷关（今河南灵宝东北），面积广阔，东西千里。秦始皇身边的一个近侍爱开玩笑，他说："好极了！这么大的苑囿，多放凶禽猛兽，有强盗从东方来进犯，让麋鹿出动就能把他们顶跑了。"秦始皇听后大笑，这才作罢。他虽然没有扩建这一苑囿，却到处建造离宫别馆，仅首都咸阳四周 200 里内就有宫殿 270 座，关中有行宫 300，关外有 400 多。

秦始皇修造宫殿，也是一桩耗资巨大事情。秦国在消灭东方六国的过程中，随着这些国家的消灭，一座座异国宫殿，也在秦国的首都咸阳修建起来，咸阳简直成了一个都城展览中心。

《史记正义》引用《庙记》语说：

> "北至九嵏、甘泉，南至长杨、五柞，东至河，西至汧、渭之交，东西八百里，离宫别馆相望属也……"

这里的记叙难免有夸张之处，但规模宏大，令人"穷年忘归，犹不能遍"，倒可能是事实。

不过这些对秦始皇来说还是小菜一碟，他还要大肆修造宫殿，这就是有名的阿房宫。

秦国先王修筑了很多宫殿，见于史籍的名字有：秦明宫、西垂宫、封宫、大郑宫、阳宫、雍宫、霸宫、栎阳宫、频阳宫、蕲年宫、负阳宫、羽阳宫、长安宫、域阳宫、六英宫、回中宫、高泉宫、长扬宫、章台宫、华阳宫、曲梁宫、步寿宫等。秦始皇修造、扩建的有：梁山宫、曲台宫、咸阳宫、长乐宫、兰池宫、宜春宫、望夷宫、兴乐宫、南宫、北宫、钟宫、林光宫、雍门宫、大夏殿、信宫、甘泉宫、秦皇宫等等。

秦始皇有了如此众多的宫殿，他为什么还要修筑阿房宫呢？

《史记·秦始皇本纪》记载："秦始皇以为咸阳人多，原先宫廷太小，住不下"，于是决定在周文王的都城丰（今陕西长安县南沣河以西）、武王都城镐（今陕西长安县西北）修建这座新宫殿。

这座被后人称为阿房宫的庞大建筑物，具体有多大，今天已经无法知道了。

史书记载，阿房宫正殿东西宽 500 步（约合今 700 米），南北长 50 丈（约合今 115 米）。殿上同时可坐万人，殿下可容十万人。下面可竖五丈大旗。殿门以磁石做成，以防刺客暗携兵器入内。《水经注·渭水》称此门为"却胡门"，门建在阿房殿前，悉以磁石为之，使得四夷朝贡者，若有身藏兵刃者入门，即可查出。

殿门前排列没收民间武器铸成的十二金人，各重二十四万斤。据说，这些铜人坐高三丈，身着胡服，背上还铸有李斯、蒙恬书写的"皇帝二十六年，初兼天下，改诸侯为郡县，一法律，同度量"的铭文。四面阁道环绕，四马高车尽可驱地，阁道从殿下可直接通达终南山上，山巅之上，建有一座庄严壮丽的高阙，作为这座宫殿的大门。另修阁道八十里，直抵骊山温泉。从阿房宫至渭水北岸，还搭起了一座美丽的拱桥，如同彩虹勾通渭水两岸。据说桥长380步，宽6丈，共68个圆拱，850柱，桥之南北有堤，雕有力士孟贲等人的巨型石像。北桥修成，使得渭水南北宫殿楼阁连为一体。前殿基址犹存，至今仍高出地面10余米。

这项宏大的工程，常年用工70万人，没有等到建成，秦始皇去世，后来项羽入关放火焚烧，一连三月还没烧完。

《汉书·贾山传》载：

"殿高数十仞，东西五里，南北千步，从车罗骑，四马鹜
驰，旌旗不挠。"《三辅旧事》："庭中可受十万人，车行酒，
骑行炙，千人唱，万人和……"

阿房宫，以其巍峨宏大、绮丽壮观而闻名于世，显示了黄土高原上
大秦帝国的主宰者博大宽广的气魄和不可一世的威严。

阿房宫，自秦始皇在世时就开始修建，至二世胡亥灭亡时还尚未修
建完毕。有关阿房宫修筑的原因，《史记》中有所记载，一是秦始皇认
为咸阳人多，原宫廷太小，太憋闷；二是秦始皇派人求"仙人不死之
药"，遇方士卢生，卢生入海求仙不见，求药不得，遂编造一篇谎言，
让秦始皇微行以避鬼，所居宫室不要让人知道。这样，"真人"可至，
不死之药可得。秦始皇很是迷信，竟听信了卢生的胡言乱语。秦始皇从
此开始自称"真人"，令造宫殿两百里内复道甬道相连。于是，一场浩
大的工程建筑就此展开了。

先建前殿，取名阿房宫，原准备全部竣工之后，再择佳名，但宫殿还
未修建完毕，秦始皇就魂归西天，命丧沙丘了。阿房宫之名也就相沿未变。

"规恢三百余里"，当是以阿房宫正殿为中心，东至骊山温泉（今
陕西省临潼东南），西抵雍城（今陕西省凤翔南），北到咸阳北阪，南
达终南山。这三百里内"宫室台阁，连属增累，珠玉重宝，积袭成山，
锦绣文彩，满府有余，妇女倡优，数巨万人。钟鼓之乐，流漫无穷，酒
食珍味，盘错于前。衣服轻暖，舆马文饰，所以自奉，丽靡烂漫，不可
盛极"。从而使得"黔首匮乏，民力殚尽"。

阿房宫浩大的气派，绮丽的建筑，奢靡的场面，显示了大秦帝国气
吞山河之势，也体现了秦文化崇尚空间大，追求数量多的审美情趣。阿

房宫不同凡响的规模和气魄，在众多的文言诗词中都有所体现。唐代大文豪杜牧在《阿房宫赋》中有过这样的精彩描写：

> "六王毕，四海一，蜀山兀，阿房出。覆压三百余里，隔
>
> 离天日……"

赋中反映了秦王统一六国后，大兴土木，建造奢侈豪华的阿房宫，砍尽蜀地林木，致使蜀山为之变秃。其规模之大，蜿蜒三百余里。高大的殿宇遮蔽住了阳光，从骊山向北，再往西折，宫殿楼台直通咸阳。渭、樊二川滔滔的河水引入宫墙之内，宫观相属，五步一楼，十步一阁，游廊曲折。

阿房宫遗址出土的瓦当中，有多种图案，仅动物纹的就有四鹿、四兽、子母鸟等，有些瓦当中还刻有"维天降灵，延元万年，天下康宁"的字样。出土的空心砖上，有双龙抱壁，屈体反身四爪伸张，若飞腾天空。足见当时宫殿建筑的华美绮丽。

据《史记·秦始皇本纪》中所记载：

> "咸阳之旁二百里内宫观二百七十，复道甬道相连，帷帐
>
> 钟鼓美人充之，各案署不移徙。"

《三辅旧事》中也云：

> "后宫列女，万有余人，妇人之气，上冲于天。"

可见阿房宫中，住满了六国宫女，她们头戴"宛珠之簪"，耳垂"傅玑之珥"，身着"阿缟之衣"，佩以"锦绣之饰"，个个"佳冶窈窕"，婷婷玉立，宛如楚子"。

《阿房宫赋》中，也描写了阿房宫中嫔妃的生活，揭露了统治者荒淫奢靡的生活景象。

赋中抒写了随着关东六国的灭亡，嫔妃宫女们被掠入阿房宫内，夜夜歌舞升平，灯红酒绿，靡靡之音充斥于天。明星闪耀，那是宫女张开了梳妆台上的铜镜；绿云飘动，那是宫女早晨在对镜梳头洗脸；渭水上漂浮着一层厚厚的腻潮，那分明是宫女们抛弃的胭脂水。空中烟雾弥漫，那是宫女们点燃了椒兰熏香；雷霆突起，原来是宫车碾过，辘辘声渐渐消逝，又不知驶向何处。万名宫女，充实后宫，何止是三宫六院七十二嫔妃。个个打扮得都花枝招展，娇媚妍丽。久久侍立远望，希冀皇帝宠幸。内多怨女，三十六载未见皇帝一面，老于宫闱之内。

有诗词为证：

> 阿房周阁百重环，美女充庭尽日闲。
>
> 频望翠华终杳渺，亦如天子望三山。

大概词意也不难理解：后宫众多丽妃艳姬，日日思盼能见上皇帝一面，就像秦始皇想见三仙山（蓬莱、方丈、瀛洲）上的神仙一样渺茫。

宫女嫔妃们的装束，也要以皇帝的嗜好而着装打扮。"当暑戴芙蓉冠子，以碧罗为之，插五色通草苏朵子，把云母小扇子，蹲凤头履，以待从"。"秦始皇好神仙，常令宫人梳仙髻，贴五色花子，画为云凤虎飞云帔，把五色罗小扇子，金泥飞头鞋"。

后宫还有宫女侍者千余人，为秦始皇"作戏倡优"，"泣喻而妖兮纳其声声，丽颜歌长兮吧曰骑，美人旖旎……"

阿房宫"以木兰为梁，以磁石为门"，雕以禽兽，绘以丹青，色彩斑斓、富丽堂皇。宫殿之内，更是豪华备至，奇珍异宝，充斥宫室。骏良夫是，实于外厩；夜光之避，饰以朝廷；犀象之器，列为玩好；郑卫之女，充于后宫。来自六国的无价之宝还有：昆山之玉，随和之宝，明月之珠，太阿之剑，纤离之马，翠凤之旗，灵鼍之鼓。

在《拾遗记》中还有这样一个记载：

> 秦始皇时，西域骞霄国人烈裔来秦献艺："口含丹青，喷壁即成云龙之象；以指历地，若绳界之；转手成圆，皆如规度；方寸之内，四渎五岳，列国备焉；画为龙凤，皆轩轩若飞也。"

这个故事所叙述的不过为杂技之类，但已说明秦时西域已受希腊艺术影响，烈裔来秦作画，阿房宫中的壁画，想已融入西方的艺术风格。

《西京杂记》中也记载了秦宫中的几件珍奇。

可透视人体五脏六腑的方镜：

> 有方镜，广四尺，高五尺九寸。表里有明，人直来，照之，影则倒见。以手扪心而来，则见肠胃五脏，历然无硋。人有疾病在内，则掩心而照之，则知病之所在。又有女子有邪心，则胆张心动。秦始皇常以照宫人，胆张心动者，则杀之。

青玉五枝灯：

> 金玉珍宝不可称言。尤其惊异者，有青玉五枝灯，高七尺五寸，作蟠螭，以口衔灯，灯燃，鳞甲皆动，焕炳若列星而盈室焉。

新奇怪巧的乐器：

> 复铸铜人十二枚，坐皆高三尺，列在一筵上，琴、筑、笙、竽，各有所执，皆缀花采，俨若生人。筵下有二铜管，上口高数尺，出筵后，其一管空，一管内有绳，大如指。使一人吹空管，一人纽绳，则众乐皆作，与真乐不异焉。有琴长六尺，安十三弦，二十六徽，皆用七宝饰之。铭曰：璠玙之乐。

玉管，长二尺三寸，二十六孔，吹之则见车马山林，隐辚相次，吹息亦不复见。铭曰：昭华之琯。

唐人冯贽《记事录》中记述了宫中悬挂着的神奇自然之帘，"秦时徐福为秦始皇作自然之帘，悬于宫门。秦始皇抱文珠置膝上，其帘自下；去之，则帘自卷，不事钩也。故又名曰'不钩'"。

上述的记载必有夸张之词，但于秦宫遗址出土的一些文物中，亦可看到秦宫的奢华。咸阳塔儿坡遗址出土的铜镦龙钮，其龙造型弓腰、卷尾接臀、曲颈反顾、腭背相连，首尾上翘而均衡，体躯作阳雕双翼、阴雕鳞干，四爪两两相对，紧踞于顶盘中心，给人以飞腾之感。西安市出土的秦鎏金铜卧虎，造型静中有动，目视前方，寓有随时出击的动势，极富艺术魅力。

山东六国几世几代，掠夺自民间的奇珍异宝，都源源不断地输送到阿房宫里，所掠珍宝太多太多，秦人奢侈，并不将其珍视，把鼎当铛，视玉为石，以金作土，珍珠比类碎石，遍地弃掷。

大秦王朝的统治者们更是挥金如土，劳民伤财，奢侈无度，而又酷法严刑，使得天下之人，敢怒而不敢言。最后，民怨鼎沸，自食其果。可怜多少无辜血肉筑成的如此规模浩大、奢侈豪华的阿房宫，被项羽一炬焚为焦土，永远消失了。

后人作诗云：

南山漠漠云常在，渭水悠悠事旋空。

立马举鞭遥望处，阿房遗址夕阳东。

著名历史学家范文澜估计，秦始皇从开发岭南、筑长城、修驰道，到建阿房宫、秦始皇陵，总计服役人口不下300万，而当时秦朝的全国人口大约只有2000万，男女老幼，平均7个人中就有两人服劳役。可见当时的徭役是多么的沉重！这也是秦朝末年社会动荡、民怨沸腾的根源所在。

第四节　巡游天下

　　统一天下的目的已经达到，接下来的事情就是巩固江山，把自己的威名远播。于是秦始皇五次巡游天下，所到之处皆刻石留迹，宣扬自己的功德，尽显王者风范。

　　公元前220年，秦始皇统一天下一年之后，开始了他的第一次巡游。此次巡游的地点是陇西、北地。他经过回中，登上鸡头山。这次巡游是他唯一的一次西行。

　　公元前219年，秦始皇第二次巡游，此次巡游方向是东方，这是秦始皇第一次东巡。此次东游，上邹峄山、登泰山、建琅琊台、临东海，一面游山玩水，一面举行各种仪式，歌颂秦国盛德。

　　公元前218年，秦始皇又开始了第三次巡游天下，路线依然是东方，所以也称为第二次东巡。博浪沙（今河南省原阳县东南）遇刺客，东观刻石。

　　公元前215年，秦始皇开始了他的第四次巡游天下。秦始皇这次到了碣石，依旧是刻石歌功颂德，宣扬皇帝威德。

　　公元前211年，秦始皇第五次巡游天下，中途暴亡……

　　秦始皇是历史上著名的敬业皇帝，日理万机，事必躬亲。批阅奏章，都要为自己确定目标，用尺子量，用秤杆称。秦始皇统一天下后又活了十一年，仅巡行天下就多达五次，跋涉名山大川，足迹几乎踏遍了全国各地，其辛苦，其勤奋，可想而知。他伐尽湘山树，泗水捞周鼎，亲执弓射杀大鱼，能办得到的他要办，办不到的他创造条件也要办，这又是何等的英雄气概！

秦始皇第一次巡游，选择了西行。此次巡游的地点是陇西、北地。他经过回中，登上鸡头山。这次巡游是他唯一的一次西行，与其后几次相比，时间最短，路线最近，所经路线属于原秦国本土和秦穆公开拓的西戎之地，为秦国根本。这是秦始皇的寻根之旅，是秦始皇对秦国祖先的告慰。

公元前 220 年，秦始皇下诏西巡，令一班文武百官，扈跸起行，卤簿仪仗，很是繁盛。秦始皇戴冕旒，着衮龙袍，安坐銮舆上面。骅骝开道，貔虎扬镳，出陇西，经北地，逾鸡头山，直达回中。秦始皇亦兴尽思归，即原路回到咸阳。

从巡游的记录来看，秦始皇统一之后，巡游是他统治帝国最重要的方式，几乎一多半的时间，秦始皇是行走在刚刚统一的帝国大地上。秦始皇为什么要多次巡游全国呢？又为什么主要以东巡为重点呢？

主要是政治因素。天下刚刚统一，统一是否巩固？诸侯六国的情况如何？秦始皇都不放心，想亲自走一走，看一看，以便采取一些相应措施。同时，也可趁巡游的机会，炫耀皇帝的功德和威风，威慑可能的隐患。因此，他在巡游途中到处刻石，大造舆论。据《史记》所载，秦始皇巡游前后共立了 8 块刻石，其中六块载有具体文字，分别是《泰山刻石》、《琅琊刻石》、《之罘刻石》、《东观刻石》、《碣石刻石》、《会稽刻石》。刻石的主要内容是歌颂秦始皇的功德，宣扬结束战争、统一天下、制定国策以及革除旧俗的正义性和优越性。

公元前 219 年的东巡是秦始皇最重要的一次巡游。这是秦始皇第一次东游。秦始皇此次东巡重要的随行官员，据《史记·秦始皇本纪》

所载，武信侯冯毋择、丞相隗林、丞相王绾、卿李斯、卿王戊、五大夫赵婴等 11 人。随行的其他官员如尚书、御史之类，也不在少数。由于此次东巡，秦始皇拟定到泰山封禅，因而车驾规模之大、随行重要官员之多，非前后其他诸次出游能比。由于此次巡游有预定的封禅内容，因而随行的官员之中，博士、儒生也为数不少。

据史书所载，秦王政是坐镇咸阳指挥兼并六国的战争的。直到他这次出游之前，他本人还从未东越函谷关（今河南灵宝）一步。这次，他平生第一次巡视他所征服的东南大片国土，在帝国东南地区的臣民面前展现大秦帝国和他秦始皇本人的神威，心情怎能不激动？为此，秦始皇对于这次巡行东南做了精心的策划和周密的安排。

为充分体现帝国和皇帝的神威，秦始皇这次巡行配置了一个庞大的车队和隆重的仪仗。据《后汉书·舆服志》的记载：

> "大驾属车八十一乘，法驾半之。属车皆皂盖赤里，朱
> 辆，戈矛弩箙，尚书、御史所载。最后一车，悬豹尾，貌尾
> 以前，比省中。"

皇帝出巡时的车驾，按规模有大驾、法驾和小驾之分别。大驾有属车 81 乘，由公卿奉引，太仆御、大将军参乘；法驾属车 36 乘；小驾属车 9 乘。

据载，秦始皇的车驾仪仗，兼收东方诸侯国车驾仪仗的特点，因而颇为壮观、威武，且舒适。秦始皇巡游东南，是大秦帝国建立后最为隆重的大事之一，当然要用有属车 81 乘车的"大驾"，一路上浩浩荡荡，真可谓威风凛凛。

秦始皇东巡时的车驾，从秦始皇陵铜车马的出土情况，我们能够想象当年秦始皇车驾的实况。1980 年出土的两驾铜车马，铜车、铜马、铜俑相当于真车、真马和真人的二分之一大小，制作精美，车与系驾的

结构完全模拟实物而造，与真车真人基本上没有差异。

出土的两套车驾，第一乘车车体小巧玲珑，车舆为横长方形，长0.485 米，宽0.74 米，系驾完整，车马通长2.57 米，宽0.955 米。一柄独杆圆盖的车伞，车伞顶至地面高达1.8 米，22 根伞骨支撑着圆形的伞盖，伞盖直径为1.2 米。车舆左右侧有阑板，在前阑板上沿紧连一双层轼板，高度可达御官俑的腹部。

行车时，御官以腹部依住车轼，便可以在驾车行进中保持身体的平衡。舆内大小可容纳二至三人，左侧位置空虚，以待尊者乘者；御官立于伞下右偏处，身佩长剑，腰系玉环，头顶帽冠，足登方口翘尖履，目光前视，双手执辔，辔绳终端直达马口中的衔橛。轼下挂有一块悬板，原物应是丝绸类挂帘，模型系用青铜铸造，掀开悬板，在前阑板内侧有一铜质箭服，内置50 根锋利的铜箭，另有4 根平头箭。左阑板内侧附装一副盾服，服内插着一件迄今为止在考古发掘中出土年代最早、形状最为完整的盾牌，色泽鲜艳、线条流畅。

此车为双轮单辕，驾四马。从车的造型和兵器配置来看，带有"兵车"性质。这种车如果编入秦始皇巡游时的车队中，当然就是皇帝的侍卫人员所乘了。

那另一辆铜车自然就是"安车"了。安车的外形比高车要大得多，驾后通长3.71 米，高1.6 米，宽度与高车相近，也是单辕四马。安车车舆较长，分前后二室。前室近于正方形，宽0.5 米，进深0.6 米。舆底铸有斜方格皮条编织纹，象征着实物为皮条编织物；舆正面的正方格纹凸起成浮雕状，象征着实物似现代软椅表面绷起的软垫。安车前坐着的御官俑，其神态比高车的御官俑格外谦虚谨慎。

安车的后室宽大，宽0.8 米，进深0.8 米。舆底的斜方格皮条编织物的铸纹纹样，类似于中国南方的棕床，显得轻软。阑板上沿搭着一幅鱼脊形支架，中间为脊梁、两侧分布鱼刺形弓盖，共计有36根。

车盖上覆着龟甲状的椭圆形的车盖，长1.8米，宽1.9米，在车厢四边伸出宽檐。位于前室的御官俑身置于前窗，左右两侧又各开一个推拉式的小窗户。三副窗板均镂孔铸成菱形纹小孔，闭窗后仍可隐约看到窗外景物的大致状况，而窗外却看不到车内的状况，并且起到了防沙避尘之作用。车厢后边开门，门上装单扇门板，门板装有银质门扣，开闭自如。

舆内软垫前方设有长几形车轼，轼下中空，可容乘员跽坐时将两膝伸入。左右两侧窗下各有一块小平台，位置于两轮之上，可容人置肘其上，供人在休息时转换身体重心的支撑点，设计之巧妙令人折服。

从后室的装修形式来看，它可任人坐卧、凭倚、称心舒适。人居车室之中，可坐可卧，开窗时可一览途中之美景，闭窗后可安息养神。总之，这种设计巧妙、装修舒适的车室之中，乘车主人可因此而减轻许多旅途上的劳苦。

《史记·吕太后本纪》：

> "乃奉天子法驾。"《集解》引蔡邕语："天子有大驾、小
> 驾、法驾。法驾上所乘，曰金根车，驾六马，有五时副车，皆
> 驾四马，侍中参乘，属车三十六乘。"

按照蔡邕所言，天子出行时的车队有皇帝乘车，驾六马；有五时副车，驾四马；另有属车（或八十一、三十六、九不等）。秦始皇陵出土安车驾四马，可能还只是副车，而非皇帝乘车。副车既然像出土实物模型那样精美、舒适，那么秦始皇的乘车该是如何考究、舒适，便可想而知了。

秦始皇在一切准备停当后，于公元前219年率车队出咸阳城开始东巡。

　　浩浩荡荡的车队沿渭水南岸的"华阴平舒道"东行，行进在宽 50 步（今约 69.3 米），每隔 3 丈（今约 6.93 米）植一棵青松的驰道之上。一路经过今临潼、渭南、华阴、潼关而抵达函谷关（今河南灵宝）。天子车驾东行，一路巡视所经郡县，郡县官员要随时向皇帝奉献食品、财物，为巡行车队的官员、人马提供食宿；与此同时，文武百官和地方官员要随时向秦始皇"奏事"，同时下达有关旨令。即是说，在巡游期间，秦始皇仍然过问与处理天下的政务，行使皇帝裁决国家重大事务的权力。

　　由咸阳至函谷关，一路所经都是秦国的故地，而函谷关当年作为秦国东部边境的关隘要塞，山东六国的联军，时而抵达关下，向秦国示威。而如今，函谷以东，尽是大秦国土，怎能不让秦始皇激动不已呢？

　　车驾出函谷关后，秦始皇便以胜利者的姿态和皇帝的身份，扬威于关东郡县了。车队由函谷关沿驰道而行，路经洛阳，并登上峄山，在山上勒石留名，歌颂秦王统一天下的功德。

　　"山不在高，有仙则灵"，秦始皇的第一站是峄山。峄山位于今山东省邹县南部。这座小山，海拔不过 550 米，山上奇峰怪石，道路崎岖，车驾无法通行。秦始皇为什么要去攀登这样一座小山呢？因为这座小山有着异乎寻常的神秘。

　　传说这座山是由女娲补天剩下的石头堆积而成。我们知道，《西游记》中那块诞生出孙悟空的石头是女娲补天留下的，《红楼梦》中贾宝玉脖子上挂着的那块通灵宝玉是女娲补天遗留下的……这自然具有神秘色彩。秦始皇也是人，所以他屈尊降贵，要去攀登这座小山。

　　秦始皇上峄山，立石刻字，歌颂秦国盛德。此次刻石史书不载原文，刻石又于唐时被火烧毁，可喜的是有复刻本，陕西西安碑林博物馆保存有宋淳化四年（公元 993 年）郑文宝根据徐铉拓本复刻的一碑，上面就有《峄山刻石》、《金石萃编》内容加以收录。

这篇《峄山刻石》，共有 144 字，4 个字为一读，12 个字为一句。刻辞以"群臣"的口吻，为秦始皇大唱赞歌，歌颂秦始皇亘古未有的功绩。宣称兼并六国的目的不仅在于统一中国，而且更重要的意义在于结束战争。秦始皇"收天下兵，聚之咸阳，销以为钟，金人十二，重各千石，置宫廷中"，所以，这篇刻辞倒是体现秦始皇的本意的。

据北魏郦道元所著《水经注》记载：

峄山在邹县北（今山东邹县县城东南），峄邑便是以峄山命名的。峄山东西长二十里，有高峰独出，耸入支端。山中积石累累，几无土壤。山石间多有孔穴，洞穴间相通连，穴内大者有如数间房屋宽阔，当地人称这些洞穴为"峄孔"。遇有兵荒马乱，少女们往往入洞穴中躲避，洞外寇贼虽多，也不能加害于她们。今山南有峄，北山有绝岩。当年秦始皇观礼于鲁地，登于峄山之上，命丞相李斯用大篆体刻石于山岭，名曰"昼门"。

从《水经注》的记载来看，峄山是今曲阜市南面的形胜之地，风景秀丽，人文独特，秦始皇车驾到原鲁国地界后，首先登峄山，在峄山之上刻石歌颂大秦功德。

《峄山刻石》一文中指出，是西周的分封诸侯，导致了后来的攻战连年，"流血于野"；而唯有秦始皇统一天下，才带来了"兵不复起，灾害来除，黔首康定"，以此来为秦始皇歌功颂德。

从史书的资料上分析，《峄山刻石》，当是出自李斯的手笔。《峄山刻石》后面还有秦二世加刻的铭记文字，但只不过是狗尾续貂了。

据《太平御览》引《三代地理书》，说"秦始皇乘羊车，登峄山"。据《秦始皇本纪》记载，秦始皇除登峄山刻石颂德外，其重要使命是在这里召集齐鲁的儒生（今峄山距儒家的圣地曲阜较近），"议封禅祭山之事"。

泰山位于山东省中部，泰安市旁边，被推崇为"五岳之尊"，是中原地区最雄伟的大山，孟子书中有"登东山而小鲁，登泰山而小天下"之语，杜甫《望岳》诗中曾有"会当凌绝顶，一览众山小"的千古名句。

泰山是一座文化名山，迁客骚人，帝王将相，都将登泰山作为一件令人兴奋的事。描写泰山的诗文，可谓汗牛充栋。登泰山看日出，历来都是登临泰山之人十分盼望的美好愿望。其实泰山并不高，海拔仅1532.8米，面积却有462平方公里。可是山腰经常云雾缭绕，峰顶若隐若现，又是从平原之上拔地而起，古人对其产生神秘之感，不足为奇。

传说之中，古代帝王即位都要登临泰山举行封禅大典，可是史书语焉不详。秦始皇喜好创造个第一，喜欢弄个货真价实，所以秦始皇准备在泰山举行封禅大典，宣扬秦始皇的威德。

据《史记·封禅书》记载，"古者封泰山（在泰山山顶设坛祭天曰禅）者，七十二家"。伏羲、神农、炎帝、黄帝、颛顼、帝喾、尧、舜、禹、汤、周成王等，都曾到泰山封禅。只是自春秋战国以来，战乱不已，到泰山封禅的帝王几乎不见。因而，秦始皇虽然也闻听古代帝王到泰山封禅祭天，然而因年代久已，有关封禅的仪式，就连随同秦始皇从咸阳带来的儒生、学士也说不清、道不明了。正因如此，《封禅书》中说秦始皇登峰山刻石颂功的意图是"征从齐、鲁之儒生、博士七十人，至乎泰山下"，请他们议论封禅的仪式。当时大概情况如下：

秦王政当下登山远眺，览胜探奇，向东顾视，又有一大山遥峙，比峄山较为高峻，岚光拥碧，霞影增红，写景语自不可少。不由得瞻览多时，便指问左右道："这便是东岳泰山吧？"

左右称是。

秦始皇说："朕闻古时三皇五帝，多半巡行东岳，举办封禅大典，此制可有留遗否？"

左右经此一问，都觉对答不出，都说是年代久远，无从查考。

秦始皇说："朕想此处为邹鲁故地，就是孔孟二人的故乡，儒风称盛，定有读书稽古的士人，晓得封禅的遗制，汝等可派员征召数十人，教他在泰山下接驾，朕向他们问明便了。"

左右奉命，立即派人前去。

秦始皇又顾语群臣说："朕既到此，不可不刻石留铭，留传后世！卿等可为朕作文，以便镌石。"

群臣齐声遵旨。秦始皇一面说，一面令整銮下山，留宿行宫。当天晚上，李斯等咬文嚼字，草成一篇刻石文，呈入御览。秦始皇览视，语语是歌功颂德，深惬心怀。翌日即下令缮就篆文，镌石为铭，植立峄山上，当下由臣工赶紧照办，不消细叙。

秦始皇随即启程，顺道至泰山下，早有耆儒70人候着，上前迎驾。行过了拜跪礼，即由秦始皇传见，问及封禅仪制。各耆儒虽皆有学识，但自成周以后，差不多有七八百年，不行此礼，同样无词可对。

其中有一个龙钟老生，仗着年高望重，贸然进言："古时封禅，不过扫地为祭，天子登山，恐伤土石草木，特用蒲轮就道，蒲干为席，这乃所以昭示仁俭哩。"

秦始皇听了，心下不悦，露诸形色，这可能为坑儒埋下了伏笔。

各儒生扫兴而回，秦始皇饬令工役，斩木削草，开除车道，就从山南上去，直达山巅，使臣下负土为坛，摆设祭具，望空祷祀，立石作志，这便是封礼。

又徐徐向山北下来，拟至梁父小山名行禅。禅礼与封礼不同，乃在平地上扫除干净，辟一祭所，古称为墠，后人因墠为祭礼，改号为禅。

在泰山山顶，秦始皇行祭天之礼。礼毕，令人立石于山巅，命李斯手书刻石之文。刻石之文，由于《史记》未有记载，晋太康《郡国志》所记刻词，不知所据何书，现录之以供参考：

事天以礼，立身以义。事父以孝，成人以仁。四守之内，莫不郡县。四夷八蛮，咸来贡职。民庶蕃息，天禄永得，刻石改号。

秦始皇于泰山山顶命李斯手书的刻石，至今尚存十字。然而，这十字很可能是后人"复刻"，并非当年李斯的真迹。

泰山祭天礼毕，车驾正要下山，忽刮起一阵大风，把旗帜尽行吹乱，接连又是几阵旋飙，吹得沙石齐飞，满山皆暗，霎时间大雨如注，激动溪壑，上降下流，害得巡行众人，拖泥带水，狼狈不堪。幸喜山腰中有大松五株，亭亭如盖，可避风雨，众人急忙趋近，先将乘舆拥入树下，然后依次环绕，聚成一堆。虽树枝中不免余滴，竟比那空地中间，好得许多。秦始皇大喜，谓此松护驾有功，即刻封为五大夫。

既而风平雨止，山色复明，秦始皇从泰山北侧下山，到梁父山重新开辟一块祭地举行封禅礼！秦始皇返入行辕，尚觉雄心勃勃，复命词臣撰好颂辞，自夸功德。

泰山封禅的前前后后，心中最为得意的还是要属秦始皇。尽管登山前儒生们的喋喋不休与半山坡的偶遇风雨，曾给他带来短暂的不快，但毕竟是完成了封禅大典，刻石颂功，了却了积存在心中多年的夙愿。自登上皇帝之位以来，秦始皇对五德终始学说甚感兴趣，意在宣扬自己是受命于天；而泰山封禅则是宣扬受命于天、皇权神授的最好形式，他怎能不为此而志得意满呢？

现代人登泰山，看到的也就只有一件"文物"——五大夫松。唐代李涉曾作诗感叹：

> 云木苍苍数万株，此中言命的应无。
>
> 人生不得如松树，却遇秦封作大夫。

封禅典礼完毕，秦始皇游兴未终，再沿渤海东行，过黄腄，穷成山，跋之罘。历祀山川八神，天主、地主、兵主、阴主、阳主、日主、月主、四时主，共称八神（见《史记·封禅书》）。

秦始皇又南登琅琊山，见有古台遗址，年久失修，已经毁坏，秦始皇便问左右大臣："这古台是何人所造？有几人晓得此台来历，便即陈明。"

站在身后的一位学识渊博的大臣，便站出来说："老臣略知一二。"

秦始皇连头都不回地说："讲。"

"此台为越王勾践所筑，勾践称霸时，尝在琅琊筑一高台，以望东海，遂号召秦晋齐楚，就台上歃血为盟，并辅周室。到了秦并六国，约莫有数百年，此台风吹日晒，年久失修，所以此台已毁坏了。"

秦始皇得知原委，便道："越王勾践，僻处偏隅，尚筑一琅琊台，争霸中原，朕今并有天下，难道不及一勾践么？"说着，即召谕左右，速令削平旧台，另行建造，规模须较前高敞数倍，不得有违。

左右大臣奉命尊旨，可是又不得不考虑实际问题，答称："此台工程浩大，非数月不能完工啊。"

秦始皇龙颜不悦道："就这么大一个台子，还需要数月才能完工吗？朕准留此数旬，亲自督造，我看你们到底成还是不成！"左右敢怒不敢言，只好快马加鞭，开始动工。即命令地方官吏，广招夫役，日夜营造，不得停歇。

浩大工程，万人不足，再加万人，两万人不足，又加万人，三万人一齐动手，运木石，施畚据，加版筑，劳苦的了不得，尚未能指日告成。

秦始皇连日催促，夜夜紧逼，势迫刑驱，备极苛酷，工役无从诉冤，没奈何拼命赶筑，直至三易蟾圆，方才毕事。台基三层，层高五丈，台下可居数万家，真的是崇闳无比，美妙绝伦。秦始皇亲自察看，逐层游幸，果然造得雄壮，极合己意。乃下令奖励工役。命3万人各迁家属，居住台下，后得免役十二年。皇恩浩荡！遂又使词臣珥笔献颂，刻石铭德。略云：

维二十八年，皇帝作始，端平法度，万物之纪。以明人事，合同父子。圣智仁义，显白道理。东抚东土，以省卒士。事已大毕，乃临于海。皇帝之功，勤劳本事。上农除末，黔首是富。普天之下，抟心揖志。器械一量，同书文字。日月所照，舟舆所载，皆终其命，莫不得意。应时动事，是维皇帝。

匡饬异俗，陵水经地。忧恤黔首，朝夕不懈。除疑定法，咸知所辟。方伯分职，诸治经易。举措毕当，莫不如画。皇帝之明，临察四方。

尊卑贵贱，不逾次行。奸邪不容，皆务贞良。细大尽力，莫敢怠荒。远迩辟隐，专务肃庄。端直敦忠，事业有常。皇帝之德，存定四极。诛乱除害，兴利致福。节事以时，诸产繁殖。黔首安宁，不用兵革。六亲相保，终无寇贼。欢欣奉教，尽知法式。六合之内，皇帝之土，西涉流沙，南尽北户，东有东海，北过大夏，人迹所至，无不臣者。功盖五帝，泽及牛马，莫不受德，各安其宇。

《琅琊刻石》是秦始皇刻石中颇长的一篇。《琅琊刻石》对秦始皇统一天下的功业和各项政治措施进行了赞美和歌颂。

秦始皇登上琅琊台之前，曾经"穷成山，登之罘"，《史记》只作了如此简单的记叙。成山，位于山东半岛最东端，是一座濒临东海的一座小山？秦始皇为什么要去攀登这样一座小山，估计是为了看大海。

秦始皇出生在战火之中的邯郸，9岁到咸阳宫，13岁当上秦王，他还没有机会去领略大海的神韵。

秦始皇常在山上眺望，感受大海的无比宽广和伟岸。一日，他突然遥望见东海中间，隐隐好似有楼阁耸起，灿烂庄严，好不一般。忽而又有人影往来，肩摩毂击，仿佛如市中一般。他感觉非常奇怪，心中无比喜悦。

其实这无非就是海市蜃楼，没什么可奇怪的。可是在古代这可算是"佛神显灵"的奇迹了。

秦始皇再仔细辨认，又觉半明半灭，转眼间且绝无所见了。秦始皇不禁惊异，连称怪事，身边的大臣们也感到很异常。秦始皇不由自主地自言自语起来，描述着刚才看到的海中情景。

"你们刚才看到没有，那海中是不是出现了空中楼阁？"

"臣等看到的，正同陛下所见的一样。"众臣同声答道，并且趁机进言道："这想是海上三神山，就叫做蓬莱、方丈、瀛洲在捣鬼。"

秦始皇猛然触悟道："对了！对了！朕想起来了，记得从前，有个燕人宋毋忌羡门子高等，入海登仙，徒侣辗转传授，好称海上有三神山，诸仙丛集，并有长生不老药，齐威王齐宣王燕昭王，还尝试着派人入海访求，可惜都没有人到达过那里。相传神山本在渤海中，不过舟不能近，往往又被风吹回。如今朕亲眼所见，才知传闻为实啊！可惜朕未能亲往，无从乞求不死药，即使贵为天子，总不免生老病死，不得与神仙相比！"说罢，又长叹了数声。俗语说得好，做了皇帝好登仙，估计这句话就是从秦始皇这里得来的吧。

身旁的大臣们也不好劝解，只好听他自言自叹罢了。及琅琊台筑成，再到海边探望神山，有时所见，仍与前相同，不由得瞻顾徘徊，未忍舍去。

可巧齐人徐福等，素为方士，上书言事，说是斋戒沐浴，与童男童女若干人，乘舟前往东海，可到神山云云，以得不死药。秦始皇大喜，立刻命他东行。

徐福等分雇船只，率领童男童女数千名，航海东去，秦始皇便在海滨布幄为辕，恭候一两天，也不见有好消息回报。又是两三天过去了，仍无音信，忍不住焦躁起来，便亲自乘船前往探望。恰好有几条船正从东海驶回，及时停泊，秦始皇便派人上前问仙药可采到否。哪知舟中人统是摇首，称之船是被逆风吹转回来的，越靠近神山，船越靠不得岸，说得秦始皇满腔欲望化作冰消，旋由徐福等返回复命，亦如前说。不知到何处玩耍几天。秦始皇看来寻找仙药的希望是太渺茫了，此处也不便久留，可是又不肯罢休，只好命他随时访求，得药即报，自己摆驾回朝。

千乘万骑，陆续拔还。路经彭城，秦始皇又突发奇想，欲向泗水中寻觅周鼎，因即虔心斋戒，购募谙熟水性的之人，入水捞取。

原来周有九鼎，为秦昭王所迁，迁鼎时用船载归，行经泗水，突有一鼎跃入水中，无从寻取，只有八鼎徙入咸阳。秦始皇得自祖传，记在心里，此次既过泗水，乐得趁便搜寻。当下茹素三日，祷告水神，一面传集水夫，共得千人，督令泗水取鼎。千人各展长技，统向水中投入，巴不得将鼎取出，好领重赏。

偏偏如大海捞针一般，并没有周鼎影迹。好多时出水登岸，报称鼎无着落，秦始皇又讨了一场没趣，喝退募夫，渡淮西去。顺道过江，至湘山祠，蓦地自水波中刮起狂飙，接连数阵，舟如箕簸，吓得秦始皇魂魄飞散，比在泰山上面，还要危险十分。一班扈跸人员，亦皆惊惶得很，幸亏船身坚固，舵工纯熟，方才支撑得住，慢慢驶近岸旁。登山遇雨，过江又遇风，莫谓山川无灵。

秦始皇屡次失意，懊恼的不得了，待船既泊定，就向岸上望去，当中有一高山，山中露出红墙，料是古祠，便对左右说："这就是湘山祠吗？"

左右答声称是。秦始皇又问：祠中何神？左右以湘君对。再经秦始皇问及湘君来历，连左右都答不出来。幸有一位博士，在旁复奏道："湘君系尧女舜妻，舜崩苍梧，二妻从葬，故后人立祠致祭，号为湘君。"

秦始皇听了，不禁大怒道："皇帝出巡，百神开道，何等湘君，敢来惊朕？理应伐木赭山，聊泄朕忿。"

左右闻命，忙传地方官吏，拨遣刑徒3000人，携械登山，把山上所有树木一律砍倒，复放起一把大火，烧得满山皆赤，然后回报秦始皇。秦始皇才出了胸中恶气，下令回銮，取道南郡，驰入武关，还至咸阳。

秦始皇为了显示自己的威严，四处巡游；为了给自己正名，让百姓相信自己的帝位是上天所授，至泰山封禅。他希望自己的统治能够长久下去，然而天不遂人愿，秦始皇千辛万苦创下的基业，只传到秦二世就结束了，可谓短命的王朝。

公元前218年，秦始皇又开始了第三次巡游天下，秦始皇巡游队伍来到博浪沙（今河南省原阳县东南）遇到了刺客。

《史记·留侯世家》有这样一段记载：

> 张良尝学礼淮阳，东见仓海君，得力士，为铁锥重百二十斤。秦皇帝东游，良与客狙击秦皇帝博浪沙中，误中副车。

看来这刺客是张良请来的，只是没有击中秦始皇的正车，只中了副车，否则又是一番好戏。秦始皇卫队四处搜查没有结果，秦始皇下令"大索十日"。大索十日，自然没有结果，至少没有抓到张良，否则张良就不是单独写入《留侯世家》，而是该进《刺客列传》，与荆轲等为伍了。

抓不到刺客，秦始皇也要继续前进。秦始皇的性格是无所畏惧的。这次他登上之罘，刻石纪功，同时也在东观刻石。这两篇刻辞，《史记·秦始皇本纪》全文作了记载。这两篇刻辞，除了歌功颂德，还向后人描绘了一幅男耕女织、万民乐业的理想图画。

这次巡游天下，除了博浪沙遇刺一事以外，引人入胜之处不多。大概是由于此次遇刺引起了秦始皇的警觉，认为天下不是十分太平，所以第四次巡游天下安排在三年之后。

公元前 215 年，秦始皇开始了他的第四次巡游天下。秦始皇这次到了碣石，依旧是刻石歌功颂德，宣扬皇帝威德。

秦始皇统一天下之初就开始巡游，应该说，他心目中一定有重要意图，否则不会花费如此多的时间去游山玩水。

秦始皇巡行全国所留下的诸多刻石文辞中，为大秦帝国与秦始皇歌功颂德，是所有刻石的主题与中心内容。一是点明秦始皇的功德，主要在于他为秦帝国所制定的法律制度，即所谓"作制明法"、"诸产得宜，皆有法式"；二是生诫"后嗣"把他为秦帝国所制定的法律制度，永远奉行下去，不许更改，即所谓"顺承勿革"、"遵奉遗诏，永承重戒"。

认真分析见于记载的秦始皇巡游的七篇刻辞，就会发现秦始皇出巡无非是以下目的：批判旧世界、宣扬新秩序、树立绝对权威。

这些，无疑都是向他的臣民们展示，只有当今的秦朝，当今的社会，当今的皇帝，才是最理想最神圣的。

秦王朝一直活动在西方，对于东方可以说还不很了解，所以要把这些地方的情况了解清楚。在那个时代，巡游应该是最好的方法了。皇帝不了解东方，东方也未必了解皇帝，所以这绝对是一举两得之事。刻石颂德，虽然不是秦始皇的创举，但是像这样大规模的巡游，大面积的刻石，秦始皇应该是前无古人的。在没有报纸、电视、电台的那个时代，还有什么比刻石给人们留下的记忆更深呢？所以出巡刻石，最重要的意义还在于国家的统一。

另外，秦始皇五次出巡，四次东游，与镇压天子之气也很有关系。《史记·高祖本纪》载：

> 秦始皇帝常曰"东南有天子气"，于是东游以厌之。

今天看起来，这似乎很可笑，但是在古代，这是自然而然的事。秦始皇何以要防胡和修长城，其中有一个原因就是"卢生入海还，以鬼神事，因奏录图书，曰："'亡秦者胡也。'"

如果我们也凑个热闹，"亡秦"的"胡"不是"夷狄"，而是"胡亥"的"胡"。由此看来，秦始皇要巡游天下，其中规模较大的四次巡游都在东南方，"厌压"天子之气的说法不无道理。

安定新的疆土，镇压天下叛逆，追求人生久长，开拓更多领地，构成了秦始皇巡游天下之主旋律，表现出秦始皇的胆略和气魄。

公元前211年，东郡（今河南淮阳一带）落下一块陨石，有闲人没事干在石上刻了一行字："秦始皇帝死而地分。"秦始皇知道后大怒，竟敢有人这样诅咒谩骂朕，于是立刻派遣御史追查刻字人。由于无人承认，他便下令把陨石附近的居民全部杀死，然后将陨石也销毁了。

事已至此，也就罢了，可是秦始皇还是心有余悸，常常为此事感到闷闷不乐，便让博士官作《仙真人诗》，传令乐人歌唱，以解心中的郁闷。

传说同年秋天发生了一件很奇怪的事，让人信也不是，不信也不是，还请明眼读者自行判断。

一天，秦始皇的使者从关东返回咸阳，夜间经过华阴的平舒道时，遇见一个拿璧的人。此人面黄肌瘦，手中拿着八年前秦始皇沉江的玉璧，他对秦始皇使者说："请帮我把这块璧送给周武王吧。"

使者感到不解，刚想问些什么，又听他说道："今年祖龙死。"说完，便放下玉璧消失在夜幕之中，言谈举止，有如鬼神。

使者捧璧向秦始皇汇报。秦始皇默然良久，他深信鬼神的存在，并且明白：龙代表人君，祖龙正是指自己；武王曾经代纣，而纣是暴君，把璧送给武王，此乃不祥之兆啊。面对如此让人浮想联翩的诅咒，秦始皇镇定了一下，沉思了一会儿说："山鬼也不过只知道一年的事而已，有啥可怕。"

不过，面对这样的怪事，他还是有些沉不住气了：为了避灾，秦始皇还是卜了一卦，卦象指出出游有利于趋吉避凶，秦始皇于是决定再次巡游天下。

五年之后，公元前 210 年，秦始皇第五次巡游天下。这次巡游的主要方向是东南，由咸阳往南，出武关，渡汉水，进入南郡，来到了云梦。秦始皇"望祀虞舜于九疑山"。秦始皇第一次东巡的时候，曾经发怒伐尽了湘山之树，而这次却"望祀虞舜"，大概是对以前所为的一种补偿吧！离开云梦，过丹阳，至钱塘，临浙江，上会稽，祭大禹。在会稽，秦始皇又刻石颂德。《会稽刻石》是秦始皇一生所刻的最后一块石，因为不久他就在巡游途中病死了。

在这次巡游中，秦始皇犯下了一个导致帝国崩溃的天大错误……

第九章 二世而亡

第一节　天大错误

秦始皇在巡行途中突然死去，留下了一个权力真空的时期。我们不能说秦始皇未考虑接班人的问题，只是他迟迟不肯透漏他的接班人选，是因为他觉得自己不会那么早就死去，以至于贻误了策立接班人的时机。最终导致秦朝二世而亡。

这是秦始皇天大的错误，直接导致赵高等人的阴谋得以实现。

公元前211年冬十月，秦始皇开始了他一生的最后一次巡行天下。他的巡行队伍十分浩大，跟随的要员有左丞相李斯、中车府令赵高，及小儿子胡亥等。

赵高是历史恶作剧的产物，他本来是一个平庸得可笑的人物，在这次巡行中却扮演了一个英雄的角色。赵高的一生所作所为，散见于《秦始皇本纪》、《李斯列传》、《蒙恬列传》中。按赵高所起的坏作用，给他立传应该是不成问题的，但是司马迁鄙视这个人物，所以《史记》里没有他的传。

赵高是个宦官，出生于赵国宗室远支，父亲获罪受宫刑后，母亲与人野合生下了赵高兄弟。赵高兄弟也都受了宫刑，入宫为役。卑贱的出身，残缺的身体，严重地扭曲了赵高的心理。怀着对世人的刻骨痛恨和极端的权力欲望，赵高像一条毒蛇蛰伏在秦宫里。

天性狡诈、口齿伶俐的赵高善于察言观色，曲意逢迎去讨秦始皇的喜爱。他身高力大，写得一手好字，尤其精通狱法。据说他对秦朝律令熟练到了每个细目都能背诵的程度。秦始皇在判决断狱方面拿不准时，还经常向他咨询，总能得到满意的回答，因此颇受秦始皇赏识。于是将赵高提拔为中车府令，掌管皇帝的车马仪仗队，并让他教导胡亥书法和法律知识。赵高很得胡亥欢心，二人私交甚密。

中车府令也不过同一个县令的级别差不多。官虽小，却是秦始皇的近臣，其作用非同小可。这个小小的中车府令奠定了赵高发迹的基础。虽然不算被重用，可是对一个阴谋家来说，任何一片枯叶都能成为他的晋身之阶。官不大，却是秦王的近臣，这就非同一般了，何况还有与胡亥的亲密关系做后盾。这些都为赵高奠定了发迹的基石，也为秦王朝的灭亡埋下了深深的隐患。赵高的劣迹，一度引起了秦始皇的注意。秦始皇命令上卿蒙毅（蒙恬之弟）负责审查。蒙毅掌握确凿的证据后按照当时的律令判了赵高死刑。可是，秦始皇偏爱赵高机敏能干，特下书赦免。不久，又将他官复原职。赵高从此深恨蒙毅，只因蒙氏世有大功，蒙毅、蒙恬兄弟又是秦始皇倚重的文武大臣，赵高表面上曲意奉承蒙氏，暗地里则伺机报复。

赵高在秦始皇的最后一次巡行中，掌管着皇帝大印和文书，处于十分重要的位置。秦始皇此次巡行天下，经过了云梦、丹阳、钱塘、会稽、琅琊等地。到达琅琊的时候，又遇上了为他求取仙药的徐福。徐福为了避祸，编造谎言，说由于海中大鱼阻挠，才没有取得长生不老之药，如果准备弓弩硬箭，杀死大鱼，仙药立即可得。秦始皇听信徐福谎言，亲自持弓执箭，登船追杀大鱼。从琅琊一直追赶到之罘（今山东烟台附近），居然射杀了一条巨鱼。这一段距离，海路有一千多里，因而已经50岁的秦始皇积劳成疾，当到达平原津的时候就已经病倒了。

秦始皇晚年十分厌恶谈论死亡的话题，所以大臣及左右没有一个敢跟他谈论死亡及后事安排的事情。秦始皇是一个权力欲极强的人，恨不得把天下的一切权力都收到自己手里。他虽然自称秦始皇，然后二世、三世按顺序排列到无穷无尽。但是却四处求仙，企图长生不老，因此连立太子这样的大事也没有考虑，他深信他还不会死亡。可是他也是一位现实主义者，自家有病自家知，当他感到自己病情严重的时候，也不得不准备太子即位的大事，于是他立下了遗诏。

《史记》记载：秦始皇出游，行至沙丘时，病倒了，而且病得还很厉害，他令赵高写一封书信带给长子扶苏，信上说："兵权先交给蒙恬掌管，因为蒙氏家族世代辅佐我朝，不会有策反之举。长子扶苏，你先回来，到咸阳给我办理后事吧，我可能已经不成了……"信中的含意可以说是一目了然，也就是点明了要让扶苏继承皇位。

秦始皇的长子扶苏，素来比较仁慈，由于秦始皇焚书坑儒，扶苏曾上书劝谏施行仁政，因而激怒秦始皇，派他同北方修筑万里长城的蒙恬一起参与管理上郡，即《史记》所说："长子扶苏以数直谏上，上使监兵上郡，蒙恬为将。"

值得一提的是，秦始皇为什么一直未立扶苏为太子呢？除了他企图长命百岁之外，主要是觉得没有合适的人，他虽然有二十余子，但是都不满意。从他派扶苏去上郡监军一事看，目的就是为了锻炼一下扶苏的才能，让他在戎马生涯里闯荡一番，可见心中的继承人已是扶苏，因为只要掌握这样一支30万大军，手中有了实力，帝位自然非扶苏莫属了。按理说，秦始皇的算盘还是打得蛮精明的。可是秦始皇把这一份诏书交给中车府令赵高之后，自己就已经无力顾及大事了。

此时，秦始皇的巡行队伍距离咸阳尚有一千四百多里，秦始皇病情严重，不得不住进了沙丘宫中。

沙丘位于今河北省广宗县西北，虽然是一个小小的地方，却有大大的来历。在广宗县平台村南，有一个长 150 米，宽 70 米的沙丘。附近的群众曾经从这里拣过一些古代的陶、铜饰件残片和绳纹砖瓦片。据史书记载，这就是有名的沙丘宫平台遗址。历史上许多著名事件曾发生在这里。《广宗县志》载：广宗全境地势平衍，土壤概系沙质，到处堆积成丘，故古名沙丘。

史书记载，殷纣王曾经在这里修筑高台楼阁，驯养奇珍异兽。传说殷纣王和宠姬妲己与这些珍禽异兽翩翩起舞，非常快乐。战国时期，沙丘为赵国属地，赵王又在这里设离宫。公元前 298 年，雄才大略、胡服骑射的赵武灵王传位于少子赵惠文王，自号为主父。三年后，赵主父离都城邯郸，北游沙丘。后来，赵武灵王的长子公子章与惠文王争夺王位，兴兵作乱，兵败，逃到赵主父所住的沙丘宫，惠文王派公子成和李兑率兵包围沙丘宫，杀死公子章。

秦汉以来，沙丘宫遗址成为一方名胜。文人骚客，来此访古探幽，留下不少诗文。有的感叹"武灵遗恨满沙丘，赵氏英名从此休"；有的伤情"鱼分龙臭曾兹台，野寺清钟入夜哀"。清朝康熙年间吴存礼的一首七律《沙丘宫怀古》，堪为其中代表。诗云：

> 闲来凭吊数春秋，阅尽沧桑土一抔。
>
> 本籍兵争百战得，却同瓦解片时休。
>
> 祖龙霸业车中恨，主父雄心宫里愁。
>
> 唯有朦胧沙上月，至今犹自照荒丘！

公元前 210 年七月丙寅，秦始皇在此地作别了他依依不舍的人间世界，享年 50 岁。《史记·秦始皇本纪》、《李斯列传》记载：秦始皇病死，遗诏与皇帝印玺全在赵高手中，死讯只有公子胡亥、丞相李斯、中车府令赵高等五六个人知道。李斯以为皇帝在外驾崩，又没有正式册立太子，所以秘而不宣，于是把秦始皇尸首放在运鱼的车子里，百官照旧上朝奏事。

赵高趁机拨动心中的小算盘，使出浑身解数，摇唇鼓舌，进行自己的阴谋活动。赵高要抓住这个千载难逢的机会，寻找自己有利的靠山。扶苏和胡亥，是可以成为皇帝的两个人选。他曾经教过胡亥狱法，与胡亥关系更为密切；赵高最怕扶苏当皇帝，因为扶苏最信任蒙恬。赵高与蒙恬有一桩公案。赵高曾经犯罪，秦始皇令蒙恬的胞弟蒙毅审理，蒙毅依秦法判处赵高死刑。秦始皇对赵高有所偏受，赦免了他的罪行。赵高心里自然明白，如果扶苏即位，蒙恬自然受到重用，他自己必然穷途末路了。于是赵高首先扣下了秦始皇的诏书，然后去策动政变的核心胡亥。

赵高经过精心策划，向胡亥展开了攻势。

在胡亥处，赵高对胡亥说："圣上在外驾崩，没有诏书封赐其他王子，而只给公子扶苏留下一封信。如果公子扶苏到来，肯定继承皇帝位，而你就连一尺一寸土地都没有了。公子将怎么对待这件事呢？"赵高把秦始皇给扶苏的遗诏说出成是一封信，意在避重就轻，而把扶苏即位的后果告诉胡亥，再把这个球踢给胡亥，企图引蛇出洞，然后顺水推舟，以售其奸。

胡亥说："本来就应该这样嘛。我曾经听说，圣明的君主知晓他的臣下，贤德的父亲了解他的儿子。父皇去世，不封其他皇子，这有什么奇怪的呢？"

胡亥看来还是比较天真的，所以赵高敢不顾杀头灭族的后果去冒这个险。历史上那些企图篡政夺权之人，无不选择一个天真而平庸的人作为傀儡。

赵高的第一个回合出师不利，但是他并不气馁，他要正面出击。

他说："公子不能这样看问题。如今天下的权柄，完全掌握在您、我和丞相李斯的手里，公子一定要慎重思考这个问题。公子必须明白：统治别人与被别人统治，制人与制于人，为君王与为臣下，岂可同日而语？"

胡亥此刻天性未泯，理直气壮地说："废立兄长而拥立小弟，是不义的行为；违背遗诏而害怕为臣，是不孝的行为；智浅才疏，巧取豪夺，是无能的表现。这三方面都违背天理、人情，天下人民怎么会信服？如果这样，不仅自身危险，而且还会严重危及国家社稷！"胡亥作为大秦王朝的二世皇帝，恐怕一生中也就说过这样几句见于史书的人语。胡亥的这一段话，无疑像打了赵高一记耳光。

赵高听胡亥讲出义正辞严之语，就举出历史上的事件，为他的行为刷上一层正义的灵光。他说："下臣听说，汤、武杀了他的主子，天下人都称赞这是义举，不是不忠；卫君杀了他的父亲，卫国人都颂扬他的贤德，连孔子都称赞他的行为，这不是不孝。做大事的人不拘细节，建盛德不顾辞让。天下四方各有所宜，京官外官，各有职责。所以只看到细小之处而忘记大的地方，必然大祸临头；狐疑犹豫徘徊，必然后悔不及。果断独行，鬼神退避，定能大功告成。希望公子千万不要首鼠两端！"

俗话说，"魔鬼也会引用圣经"，赵高的确是一个十足的魔鬼。这一道灵光，只不过是一块遮羞布，让胡亥不至于做贼心虚。真是"偷有偷理，抢有抢理"，奸邪小人总是寻找一些冠冕堂皇的理由为自己壮胆打气。

胡亥喟然长叹说："如今大丧未发，丧礼未办，如何拿此事去同丞相说啊！"

赵高看到胡亥口软，乘机又说："时间啊，时间啊，分秒必争，发不容间，要让别人措手不及，即使背着干粮跃马飞奔犹恐来不及，您就不要再犹豫不决了。"

胡亥经不住赵高甜言蜜语引诱，点头称是，唯赵高之语是听。

赵高说："这件事如果不与丞相谋划，恐怕不能成事，下臣愿意替您去找丞相李斯谋划。"

于是赵高去游说李斯："皇上病重，遗诏公子扶苏。叫扶苏到咸阳主持丧事而继承皇帝位。遗诏还没有派人送出去，如今皇上驾崩，没有其他人知道这件事。皇上给扶苏的遗诏和兵符、玉玺全部都在公子胡亥那里。确立太子，完全在于丞相和我一句话。这事该如何办呢？"

李斯峄山刻石全本

其实，遗诏、兵符和皇帝玉玺文书全部在赵高手里，赵高如此对李斯说，不过是以势压人而已。

李斯的态度是这场政变的关键，而此刻李斯叱责赵高说："你怎么胆敢说出这种亡国的言论！这种事情难道是臣子可以随便议论的？"

赵高十分了解李斯的为人，抓住李斯的权力欲心理，进一步发起进攻："丞相仔细想想，你的才能与蒙恬相比，哪一个更强？你的功劳与蒙恬相比，哪一个更大？你的谋略与蒙恬相比，哪一个更妙？你的民怨与蒙恬相比，哪一个更少？你与公子扶苏的交情与蒙恬相比，哪一个更厚？"

李斯想了想说："这五方面我都不及蒙恬。但是，你为何这样深深地责备我呢？"

不能说李斯这些方面都不如蒙恬，李斯是一个杰出人才，但是李斯向来贪恋权欲和利益，所以常常小看自己，特别是当他自己认为处于劣势的时候。李斯历来的思想动机是"人之贤与不肖，譬如鼠矣，在所自处耳"（《史记》语）。

赵高敢于在李斯面前说出这种杀身灭族的话语，完全是抓住了李斯在名利方面患得患失的心理。李斯由于名僵利锁，自然会掉进赵高的圈套之中。

赵高见李斯有了些许松口，忙说："我本来是一个内宫的下人，幸好凭借自己的刀笔之才，当上了秦国的官员，管理皇上事务已经几十年了，还没有看见秦国丞相和功臣有封及两个帝王的，最后都是被推上了刑场。秦始皇有二十多个儿子，丞相都了解他们。公子扶苏刚毅武勇而信人好士，他一旦即位，一定会拜蒙恬为丞相。君侯总不能把丞相大印怀揣包缠带到上蔡故乡吧！这是再明白不过的道理了。我受诏作为胡亥的太傅，教他学习秦法已经多年，还没有发现他有什么过错。胡亥慈仁笃厚，轻财重士，大辩若讷，尽礼孝敬，皇上诸子中没有一个能赶得上他，完全可以继承大位。丞相想想，由你决定！"

李斯说："你快不要多言了！我受皇上遗诏，听天由命，没有什么值得考虑的！"

赵高仍不死心，继续说："平安可以变成危险，危险可以转为平安。平安危险，危险平安，飘浮不定，瞬息反复，哪里还谈得上什么忠于皇上呢？"

李斯说："我本来是楚国上蔡一个穷苦布衣，皇上却把我提拔为丞相，封赐君侯，子子孙孙享受皇上俸禄，位居高位。皇上把存亡安危的重任放置在我的肩上，我怎么能辜负这种重托呢？忠臣不害怕死亡，孝子不逃避劳顿。人臣各守其职，你不要再多说了，这样将会令我心里有愧！"

李斯若是坚持下去，赵高又能如何呢？可惜……

赵高说："我曾经听说，圣人迁徙无常，随机应变，见未知本，观幽知明。事物各有性格，情况总在不断变化，丞相怎么能拘泥于此！今天下权柄，全部掌握在公子胡亥一人手中。我赵高已经遵从公子胡亥旨意，按理应该得志横行。只因为我与丞相交好多年，不敢不以真情奉告。丞相老成练达，自然能够体味其中奥妙。俗话说，从外部去治理内部叫做惑乱，从下面去参与上面的事叫做贼盗。而今你我处在内部，位居上级，如不见机行事，后悔就来不及了。君不见：秋天一到，寒露时节，一场白霜，草木凋零；寒梅初放，春风一次，冰雪解冻，万物复苏；人生一世，人往人来，新人代替旧人，这是人世间万世不变之理。丞相的见识为什么如此迟缓呢？物有本末，事有始终，知有先后，行有缓急，望你速决速断！"

赵高一阵明拉暗唬，说得李斯心里七上八下。

李斯默不作声，良久长叹："皇天明鉴，历历在目。晋献公废立太子申生，国家三代不得安宁；齐国兄弟争位，齐桓公身死为虫；纣桀滥杀大臣、亲戚，不听良言苦口之劝，国家倾危，社稷失嗣，国为废墟。这些违逆天理之事，最后都导致了宗庙不得血食。我李斯是一个什么样的人呢？怎么敢参与这样的违天逆命之事呢？"

李斯的色厉内荏，早被赵高看出了破绽。赵高胡意忿然作色说："丞相既然如此胆小怕事，我赵高绝对不去勉强。我如今有几句忠言，不得不做最后忠告。从古至今，只要上下合心，大事可以长久；内外统一，大事可以成就。丞相听信赵高一言半语，就可以辈辈封侯、代代称孤道寡，独享彭祖之寿，具有孔、墨之智。假使放弃此等天赐良机，不但自身危在旦夕，灾害难免祸及子孙。赵高都在替丞相担心万分。善良的人因祸得福，不肖之辈因福得祸，取舍全在翻掌之间，唯丞相裁定！"

李斯经不住赵高威胁利诱，心理防线全面崩溃，明白自己已经欲罢不能。如果不从赵高，大祸即在；勉强顺从，心头一时又转不过这道弯子。李斯一时六神无主，全无把握，只得仰天长叹，低头流涕，泪泣涟涟说："我李斯生不逢时，屡遭乱世。我既不能以死报效皇上，又将去何处安身立命？"

李斯只得曲就赵高。

赵高回报胡亥说："下臣奉太子之命说服丞相，丞相岂有不奉命之理！"

赵高真是极善见风使舵，转眼之间已把"公子"改成了"太子"，其内心兴奋不可言表。自从李斯被赵高征服之后，这场以胡亥为首，以赵高为中心，以李斯为帮凶的政变集团正式形成，秦国经过数百年打下的300万平方公里的一统江山，转眼之间已经开始易手了。

追究根由，关键还在于秦始皇身边有赵高这样的歹人。赵高之流，本来满肚子坏水，但是此等人却经常装出一副正人君子的面孔，满口仁义道德。

这个政变集团一经形成，立即着手干了三件大事，而秦始皇已经变臭的尸体，他们却不及时处理，而是要继续利用这个已死了的"活人"去完成他们的阴谋。

第一，三人合伙，撕毁了秦始皇临终之际十分艰难地留下的关于公子扶苏到咸阳奔丧的遗诏。秦始皇的一生，特别是晚年，孜孜以求"独断"，但是在他尸骨未寒之时，他深信不疑的爪牙们就在他的遗体旁边干了撕毁诏书这种大逆不道之事。

第二，他们伪造第一份遗诏。遗诏谎称，丞相李斯在沙丘宫单独接受秦始皇遗诏，立胡亥为太子。李斯由一个号称"忠臣不怕死、孝子不怕劳"的忠臣、孝子，一下子变成了一个唯一接受秦始皇遗诏，撒下弥天大谎的人，他一下成了秦始皇的唯一代言人。

第三，他们又伪造第二份诏书。这份诏书的目的是为胡亥继承大位扫除障碍，《史记·秦始皇本纪》记下了这份伪诏书的全文：

> 朕巡天下，祷祠名山诸神以延寿命。今扶苏与将军蒙恬将师数十万以屯边，十有余年矣，不能进而前，士卒多耗，无尺寸之功，乃反数上书直言诽谤我所为，以不得罢归为太子，日夜怨望。扶苏为人子不孝，其赐剑以自裁！将军恬与扶苏居外，不匡正，宜知其谋。为人臣不忠，其赐死，以兵属裨将王离。

政变集团的第一件大事很快就可以做好，实际上赵高、胡亥和李斯勾结起来的时候，这件事就算完成了。

第二件事也不难办，倒是第三件事，操作起来有一定难度。如果扶苏不自裁怎么办？蒙恬不相信怎么办？

蒙恬、扶苏军帐内。

秦始皇长子扶苏，怀着兴奋的心情，跪接他父亲的"诏书"。他是一位孝子，曾经为他父亲日理万机、事必亲恭而感到忧虑，他曾经替父亲巡行天下，耀威百姓，求长生不死之药而感到自豪，同时，他也为他父亲焚书、坑儒以及种种暴行，内心感到阵阵悔恨……他知道父亲已经50岁了，已经很老了。可是他万万没有想到他的父亲会死，他更不会想到，赵高、胡亥和李斯那样的叛逆之徒会干出那种大逆不道的事情。

扶苏静静地听着，他可能还为他父亲巡行天下，祈祷名山诸神以求延年益寿而责备自己未能尽到君臣之忠、人子之孝……可是使者的言辞越来越严厉，诏书的语言越来越厉人，最后竟是"人子不孝，赐剑自裁！"一声铿锵之声，一把闪着寒光的宝剑掷在地上！

这铿锵之声，犹如晴天霹雳，平地惊雷，真是迅雷不及掩耳，扶苏被这突如其来的大祸震惊得无法自已。

扶苏叩头谢恩之后，迷迷糊糊进到中军帐密室，一时难以接受如此巨大的打击，《史记》记载他"入内舍，欲自杀"。蒙恬不愧为沙场老将，急忙抢上前去劝阻扶苏。

蒙恬说："皇上亲命下臣率领三十万大军戍边防胡，专派公子到此监军，这可是天下第一重任，不是皇上深信不疑的人，不是皇上忠实的继承人，岂能担当如此重任！况且，皇上目前正在巡行天下，怎么会突然作出如此重大决定。太子之位尚未决定。公子怎么只凭一介使者，一封未辨真假的诏书，就轻易自尽呢？公子又没什么过错，怎么能排除其中没有奸诈之谋呢？公子应该立即派人飞驰向皇上请命，如果的确属于皇上旨意，再死不迟。公子一定要三思而行！"

扶苏也没有愚蠢到听不懂蒙恬良谋巧计的程度，否则他也不会上书劝谏秦始皇焚书坑儒了，可是扶苏毕竟仁弱，经不住使者的再三催促。

他六神无主，只得对蒙恬说："父要子死，子不得不死；君叫臣死，臣不敢不死。我问心无愧，何必再去请命，有死而已。"

扶苏说完，取剑自刎而亡……

扶苏就这样死了，死得那样令人千古惋惜，死得那样莫名其妙……

扶苏自杀的时候32岁，由于他的所作所为，世人对他寄以很高希望，因而对他的死也就十分惋惜。陈胜、吴广大泽乡起义反秦，居然打的旗号就是"诈称公子扶苏"，可见他在人民心目中享有崇高的地位。

扶苏死了，就地埋葬于上郡，墓地在今陕西晋绥德县城内的疏属山顶。墓长 30 米，宽 6 米，高 8 米，石碑上刻着"秦长子扶苏墓"六个大字。

诗人胡曾在《杀子谷》一诗中写下这样的句子：

> 举国贤良尽泪垂，扶苏屈死戍边时。
>
> 至今谷口泉呜咽，犹似当年恨李斯。

扶苏的死，给后人留下的后患是无穷的，最直接的就是蒙恬，紧接着是蒙毅……

当蒙恬看到扶苏已经自杀，也就清楚了自己必死无疑的命运，因为扶苏是一张王牌，只要他活着，无论做什么事情都会名正言顺，而现在扶苏死了，他的一切神机妙算都将无济于事了。但是他不会自杀，他觉得这道诏书中有诈，他要死得清清楚楚，明明白白，他还怀着一丝侥幸，企图得到秦始皇的一纸赦免诏书。

然而，还是难逃一死。

赵高实在是阴险毒辣，李斯在丞相位，赵高就不能为所欲为，于是赵高千方百计夺李斯的权而后快。

"生前未立太子"是秦始皇最大的失误，加上大秦帝国的运气实在不好，被野心家赵高钻了空子。赵高本是一个有前科的人，可就是因为他应奉拍马的本事比较高，所以秦始皇宽宥了他，最终埋下了祸根。

这是历史上最大的错误之一，葬送了一个伟大的帝国。

第二节 小人赵高

赵高在秦始皇的手下干了很多年，虽然掌握着很大的权力，可不过是一个"机要秘书"而已。而秦始皇的错误在于，这个机要秘书虽然能干，可是他是一个十足的小人，把大权放在这样的小人手里，一旦出现什么风吹草动，他们就会兴风作浪。

赵高在阴谋夺取最高权力之后，野心进一步膨胀，把矛头指向李斯。

赵高害怕李斯破坏他的好事，于是设好圈套，引诱李斯上钩。赵高专门去找李斯，有意与李斯谈论天下已经大乱之事！

赵高说："关东群盗多如牛毛，但是当今皇上却忙于加重徭役赋税，修造阿房宫，收聚跑马斗鸡走狗那些无用之物。我多次想劝谏，但是人微位低，不敢造次。这正是丞相之事，丞相为什么不劝谏呢？"赵高话中还带着责备的口气。

李斯已经很久没有见到秦二世了，只好无可奈何地说："的确，这本来是我的责任，我准备劝谏已经很久了。但是如今皇上不坐朝廷，只居住禁宫之中，我要说的有些话，不便代转。所以，我虽然希望劝谏，但是实在找不到机会啊！"

李斯的实话，正中赵高下怀。

赵高忙说："丞相果真情愿劝谏，等我知晓皇上有空，就马上来告之于你，丞相前去劝谏就行了，这有什么困难？"

李斯对大秦王朝的命运是深感担忧的，所以自从赵高走后，他天天在相府之中精心准备进谏材料，时时等待赵高报告秦二世空闲的消息。可悲的是，他已经落入了赵高的圈套却毫不知觉，智商很高的人，往往是在小阴沟里翻了船。

李斯等了几天，赵高终于来了，催促他赶快进谏，说秦二世此刻正好闲暇无事。李斯自然不敢怠慢，赶紧装扮一番到宫门求见。

可是这个时候，秦二世正在宫中欢宴，妇女戏嚷，歌舞翩翩。赵高正是看到这种情形，才迫不及待地催促李斯进谏的。

内侍传报："丞相求见！"

秦二世不高兴了，责怪说："我平常闲暇无事，丞相不来进见。我如今方才宴饮欢悦，丞相就来奏事……"

赵高把李斯如此戏耍了 3 次，李斯全然不觉，但是秦二世却受不了，他召来了赵高。

秦二世怒火冲天地嚷道："我没事的时候，丞相不来奏事；我每次欢宴的时候，丞相偏偏就来了，这难道不是轻视我，故意刁难我吗?！"

赵高故作惊人之态，说："如果这样，这就可怕了。沙丘陛下即位之事，丞相自始至终是积极参与的。如今陛下已经坐稳了皇位，而丞相却没有得到更多的封赏，他的意思是想裂地封王吧！我有一事，心中想了多日，陛下不问，下臣不敢多言。"赵高故意设下一个悬念。

胡亥说："贤卿快讲，寡人不罪！"

赵高考证似的叙述："丞相是原楚国上蔡人，而陈胜、吴广也是楚国人，并且还是邻县之人，他们岂无乡邻之情？丞相之子李由为三川郡守，楚盗头目吴广一直打到三川，李由不肯出兵，表面说是固守，但是暗地里却与群盗书信往来甚密。下臣也只是听说他们有书信往来，具体情况尚未查实，所以不敢启奏。况且，丞相乃几代老臣，权倾朝野，这可是一件十分危险的事。"

赵高给李斯罗列了三条大罪：

第一，李斯与陈胜、吴广是同乡，有同乡之谊。其实，李斯与陈胜、吴广虽然同属原楚国人，其原籍都是现在河南省，但是三人籍贯并不相邻。李斯是上蔡（今河南上蔡西）人，陈胜是阳城（今河南登丰县东南）人，吴广是阳夏（今河南太康）人，三个地方是一个三角形，各自相距好几百里，况且，即使是同一个县，李斯是秦国丞相，而陈胜、吴广不过是一个农民，这又有什么关系呢？

第二，李斯的儿子李由与吴广有勾结。实际情况是：李由带领着他的兵卒与吴广起义军进行殊死抗争。陈胜、吴广死后，李由又同刘邦、项羽等起义军进行了不断的抗争。在雍丘，起义大军与李由的秦兵进行了一场大战。战斗开始的时候，李由率兵奋勇出击，起义军遭到挫折。正在此刻，刘邦部下曹参率兵赶来救援，李由战死，秦兵大败。这就是李由为秦国卖命与起义军大战的基本过程。

第三，李斯功高镇主。李斯作为三代老臣，为大秦帝国的确立下了汗马功劳，更加上他智谋机巧，名声该是不小，但是李斯是否大权独揽，弄权胁主，史书没有明确记载，从后来李斯被害来看，李斯似乎也没有多大权力。但是赵高要设计陷害李斯，自然不会放过这一条作为每个君王都害怕的罪名。

赵高这番精心策划和诬陷，秦二世自然是相信的，但是什么"同乡之谊"、"功高镇主"这些名目，最多也只是捕风捉影，李斯作为丞相，也不便拿此定罪，因为秦国向来是以法治国的，虽然秦国的法律非常苛刻，动辄得咎。只是赵高谎奏李斯儿子李由与吴广勾结一事，倒是可以定个灭族之罪，但是就是赵高本人也说手中没有确凿证据，所以秦二世立即派人到三川去调查核实。

禁宫之内如此机密之事，《史记·李斯列传》却说了一句："李斯闻之。"

李斯是怎么"闻之"的呢？

看来李斯也没有完全坐在相位上睡大觉，虽然对赵高这种看起来不起眼的人缺乏应有的警惕性，但他一直关注着皇帝对他的印象和评价，因为只有皇帝才是最终决定他命运的人物。前文提到过，秦始皇为了见到"真人"而行踪诡秘。有一次看见李斯的车驾人数众多，随口说了一句不满的话。后来李斯的车驾人数突然少了很多。这说明李斯在皇帝身边安插着耳目，所以赵高和胡亥的密谋才能被李斯"闻之"。

李斯得到如此密报，才知道自己已经落入赵高的陷阱，十分害怕，异常恐慌。于是精心策划，决心进献安邦定国大计，以便重新获得秦二世的信任。

不知李斯使用了什么方法，居然得到了秦二世的接见；也不知他出于何种考虑，拉上了右丞相冯去疾、将军冯劫一起去见秦二世。大概是为了壮胆，或许也是为了表现人多势众吧！

李斯、冯去疾和冯劫一起去见秦二世，叩头进谏说："关东群盗蜂起，秦将带兵讨伐，虽然杀死了很多，但是仍然盗贼不断。盗贼如此之多，就是因为戍漕转运这样的事情太辛苦了，赋税太多太重了。恭请陛下停止修建阿房宫，减少四边戍漕转运……"

三人认为盗多且杀而不止的原因有两条：一是戍守、漕陆运输等差役太多、太苦；二是横征暴敛太多，赋税太重。要求秦二世停止修建阿房宫，减少四方屯戍和漕陆转运，减少百姓劳役，节省国家开支，减轻百姓赋税。三人的这些措施，无疑对缓和统治阶级与百姓的矛盾有一定的好处。但是在起义的烽火已经燃遍全国各地的时候，的确是太晚了。这些主张与李斯《劝督责书》中的观点截然相反，可见他献《劝督责书》之术确属自我保护，简直是把大秦帝国往炭火上推。客观地看，此刻的李斯倒是真的在为国家利益着想了。

秦二世不知听清楚还是根本没听李斯他们三人的话，但是他却说出了这样的话，据《史记·秦始皇本纪》记载，其大意如下：

> 我一直在想这个问题，从《韩非子》书中我知道：尧帝拥有天下，堂高只有三尺，栎木为椽不加修整，茅茨做笆不裁剪，即使是旅途艰辛也不过如此。他冬天穿鹿皮衣服，夏天穿葛布袍子，糙米为饭，粗菜为汤，瓦罐当饭碗，瓦盆作茶杯，即使是下等兵卒的待遇也不会如此。大禹开凿龙门，疏通九河，引天下万水流向大海，辛苦得大腿无肉，脚杆无毛，手脚全是茧块，面目漆黑如墨，最后死在野外，葬于会稽，即使是刑徒也不会到这种地步。世界上哪有这等事！这一定是那些奸诈的人刻意编造所致。我认为，贤人拥有天下，专门享用天下适心意的物品，这才叫做贵于天子。所谓贤人，就是能够安定天下，治理万民，如果连自己都得不到心安体逸，又怎么去治理天下呢？所以，我想尽志广欲，长享天下而无害，你说该怎么办呢？

李斯一听吃惊不小。这位篡逆的小皇帝在这国家将要灭亡的时刻，想的却只是如何"适己"，如何享乐。他竟凭自己的逻辑去责骂圣尧、帝禹。李斯这位饱读天下文章的文吏，岂不知这种话是何等无知，何等可笑！并且这混蛋皇帝居然要自己给他出主意！他能出什么主意呢？这位皇帝一心一意正在追求享受。李斯出不了主意，为了自己的利益又不敢劝谏，所以只得退朝了。

李斯为他的怯懦而懊悔，他又不得不一步步地怯懦！正当李斯痛心疾首的时候，赵高的权利欲又进一步膨胀，他要除去李斯！李斯长子李由为三川郡守。三川是函谷关东西必经之地。陈胜、吴广起义之后，全国纷纷响应，起义军兵分三路，逐渐对秦国首都咸阳形成包围之势。吴广率领的一路起义军打到了属于三川郡的荥阳。

正在此时，秦二世仍然在宫中享乐不已，根本不知道外边到底发生了什么大事。可是纸总是包不住火，"盗贼"猖狂的事终于传到秦二世耳朵里。秦二世便以此事责问赵高。

赵高推卸责任，说这是丞相李斯之责任，李斯的儿子李由为三川郡守，应该负主要责任。

秦二世听到风就是雨，立即遣使责问李斯："你身为丞相，位居三公之位，怎么让群盗猖狂如此？"

秦二世根本没有听从李斯等三人的劝谏，反而骂了尧禹一通，扬言要造"千乘之驾，万乘之属"，以便与他的名号相称。须知，当年秦始皇五次巡行天下，属车也只九九八十一辆，而这位小皇帝竟要造千辆、万辆。幸好赵高把他杀了，否则，他是不是还要修第二条长城，修第二座阿房宫？

秦二世把一切罪过全推到进谏的人身上，给李斯等人加上了"既不能报先帝知遇之恩，又不能为朕竭忠尽力"的罪名。李斯、冯去疾等人的处境已经到了十分危险的地步。

李斯恐惧非常，为了保住自己官爵，实在想不出妙计，于是顺秦二世之意，给秦二世上了一份奏章，其大略曰：

> 贤君圣主，必然能够驾驭全局，有效地施行督责的方法。采用监督责让的方法，下臣就不敢不竭尽全力去完成君王的旨意。这样君主和臣下的责任就明确了，皇上和臣子的义务就清楚了。那么，无论是贤能之人还是平庸之辈都会尽力拼死去完成君主交给的任务了。如果这样，君主既能独制天下，又可以

享受无穷之乐。

皇上乃贤明君主，定能行此督责之术。

申不害曾说过"拥有天下而不劳心费力，推行严法重刑治理天下"也。譬如把垃圾倒在公共场所，本来是小小的过错，但是施以重刑，这就是严法重刑。只有圣明的君主才能重罚轻罪。轻罪尚且重刑，更何况重罪呢？所以天下百姓不敢犯罪！

……韩非曾说，有些布帛掉在地上，一般常人都想拾取；黄金百镒放在府库，汪洋大盗也不敢来抢。其原因就在于拾取布帛不会受到法律制裁，而抢夺黄金要受到法律严惩。

城墙虽然高不过五丈，但是人们不敢翻越；而泰山高达百仞，跛脚的母羊也可以爬到山顶吃草。原因在于泰山虽高，但是平缓；城墙虽低，但是陡直。由此可见刑法必须严，必须酷……

因此，明主圣王之所以能够久居尊位，长期雄踞威势，独自享受天下大利，不是有什么特别的神通，只不过能够独断、严罚、深责，所以天下人不敢犯法。

严法独断，群臣百姓补救过失都来不及，哪里还敢去造反呢？如果皇上这样，那么帝道大备，督责可以称得上圣君明主之术，即使申不害、韩非再生，也不能更改。

这篇奏章，出自李斯这个刀笔吏之手，可以说是用心良苦。这个曾经写下《谏逐客书》的人，也居然写得出这样等而下之的文章。单从这篇文章来看，言必有据，逻辑严密，文辞优美，可算顺理成章。但是只要换一下角度，改变一下思路，其荒谬性就出来了。

首先，李斯这篇奏章，从《商君书》和《韩非子》中都可以找到依据。但是在商鞅和韩非那里，由于语言环境，说话角度不同，这类论点的确具有合理的成分。但是经过李斯剪刀加糨糊的改造，可以说已经面目全非了。真是"真理向前迈进一步就成了谬论"了。

其次，李斯是站在人民顺从和遵纪守法的角度来说的。如果站在人民会反抗，"民为水、君为舟"，水可载舟也可沉舟的角度来说，那么，这种严法酷刑，这种督责之术，不是官逼民反又是什么呢？

一句话，这篇奏章加速了大秦帝国的灭亡，实在是一种不折不扣的亡国理论。可是，秦二世看了称"悦"，于是督责越来越严，处罚越来越狠。

《史记·李斯列传》说："刑者相伴于道，而死人日成积于市。"而秦二世却说："像这样可以算得上善于督责了！"

人民的反抗已经如火如荼，人民的灾难已经水深火热，人民的怒火已经忍无可忍。全国的反秦大火，早已烈焰熏天，而李斯这篇奏章，秦二世的这一"悦"，无异于在这熊熊大火上浇上难以计量的汽油。这场大火不烧坏秦国这座宫殿，那才是不可思议了。

李斯在山穷水尽的时候，应该如何摆脱自己的厄运，"柳暗花明又一村"呢？

唐朝大诗人白居易在《咏史》诗中给他出了一个主意："去者逍遥来者死，乃知祸福为天意。"的确，像李斯这样机敏的人，应该知道功成身退的道理。可惜，李斯听不到白居易的良言。

其实，这个道理李斯是知道的。

《史记·李斯列传》载：

> 斯长男由为三川守，诸男皆尚秦公主，女悉嫁秦诸公子。三川守李由告归咸阳，李斯置酒于家，百官长皆前为寿，门庭车骑以千数。李斯喟然而叹曰："嗟乎！吾闻之荀卿曰'物禁太盛'。夫斯乃上蔡布衣，闾巷之黔首，上不知其驽下，遂擢

至此。当今人臣之位无居臣上者，可谓富贵极矣。物极则衰，吾未知所脱驾也！"

这是公元前211年发生的事，看来即便他最受宠幸的时候，他也还是清醒的。难能可贵的是，他在享尽荣华富贵的时候还能想起早年他老师荀子的教导。但是，在荣华富贵面前，真要弃富贵如草鞋可不是轻而易举之事。李斯是一位饱学之士，历史典故、历史经验，应该是十分熟悉，十分丰富的。

越王勾践手下的那位重要谋臣范蠡，臣事勾践，尽忠竭智，几十年辛辛苦苦，终于为越王灭吴雪耻。范蠡知道"盛名之下，难以久居"，并且他十分清楚勾践为人"可与同患，难与处安"，所以辞别越王勾践，终生不回，最后他成了一位富贵大贾，得终天年。而越王勾践的另一重臣大夫文仲不知功成身退，最后被勾践无罪而赐剑自杀。

历史上的经验教训，李斯心中也应该清楚。

李斯舍不得他的相位、侯爵，舍不得他的荣华富贵，所以他要挣扎。在如此危险的环境之中，面对如此昏庸的皇帝，他还想挣扎，还要恢复他已经失去的一切。他已经陷进了深深的泥沼，他越是挣扎，陷落越快，但是他似乎尚未明白这一点。

李斯决心再次单独面拜秦二世，陈述自己的苦心。李斯去见秦二世的时候，这位小皇帝完全忘记将要灭亡的命运，正在如醉如痴地观赏角抵之戏。角抵是秦汉时期的一种技术表演，与现代的摔跤大概相差无几。李斯见不到秦二世，思来想去，国家的祸根在赵高，必须首先除去赵高。

李斯回到相府，仔细推敲，写了一份"弹劾"赵高的奏书，《史记·李斯列传》载：

臣闻之，臣疑其君，无下危国；妾疑其夫，无不危家。今有大臣于陛下擅利擅害，与陛下无异，此甚不便。昔者司城子罕相宋，身行刑罚，以威行之，期年遂劫其君。田常为简公臣，爵列无敌于国，私家之富与公家均，布惠施德，下得百姓，上得群臣，阴取齐国，杀宰予于庭，即弑简公于朝，遂有齐国。此天下所明知也。今高有邪佚之志，危反之行，如子罕相宋也；私家之富，若田氏之于齐也……

陛下不图，臣恐其为变也！

李斯这一封谏书，无疑切中时弊，击中赵高的要害。但是，正是这一封谏书，加速了李斯灭亡的命运。秦二世看到李斯把问题提得如此尖锐，立即召见了李斯，他要堵住李斯的嘴，他不准李斯诽谤他的忠臣赵高。

秦二世当面责问李斯："丞相为什么这样说呢？赵高嘛，不过是个宦官而已，并没有贪图享乐而随心所欲，没有因为艰难而改变忠心。正是由于他对朕忠心耿耿，才得到了今天的地位，才享受到今天这样的俸禄。朕十分信任赵高这样的贤臣，而丞相却要这样无端怀疑，这到底是为什么呢？况且，朕这样年纪轻轻就失去了父亲，缺乏知识，不懂治国，而丞相您又老了，我不把天下托付给赵高，又去依靠谁呢？赵高为人精明强干，下达民情，上合朕意，你不能再随便怀疑他了！"

秦二世当着李斯的面，把赵高美美地夸奖了一通，但是他似乎只是想封住李斯的嘴，不让李斯乱说，暂时还没想对李斯下手。

李斯看到自己已经进退维谷，还想最后挣扎一下。他痛心疾首地说："陛下，不能这样去看待问题。赵高本来是个低贱的人，无知无识、贪欲不尽、求利不止，权势已经可以与陛下并驾齐驱了，他还那样贪心不足，这实在太可怕了。"

李斯的话，应该是很有道理的，但是他把这样的肺腑之言说给秦二世这样的昏君听，无疑是在出卖自己。

秦二世说服不了李斯，李斯自然也说服不了秦二世。李斯此时此刻是否还可以功成身退，是不是还可以采取断然措施，来一场政变什么的，可是李斯没有这样做。

"偏见与无知是可怕的"，秦二世怎么也想不通，李斯为什么平白无故地怀疑赵高。秦二世十分宠幸赵高，李斯身为丞相，手中握有重权，他怕李斯会杀死赵高。于是他得提醒提醒他的"忠臣"。秦二世召见赵高，把李斯的奏书和李斯的话全部告诉了赵高……

赵高听说，丑脸变成了一副哭相，心中却欣喜若狂，立即伏地下跪启奏："丞相害怕的人就是我赵高了，陛下杀了赵高，丞相马上就会成

秦兵马俑

为田常、子罕，马上就会杀君篡位！"

秦二世不听则已，一听大惊，不想不像，越想越像，越想越害怕，那种篡逆者的胆怯，那种当了皇帝的美好感觉，一起涌上了心头，立即下令："捉拿李斯、冯去疾、冯劫，由赵高一手处理。"

秦二世为什么连冯去疾、冯劫也不放过呢？他们三人不是一起进谏吗？他们三人或许正是一个篡逆集团。

中国历史上又多一桩冤案！

秦二世二年（公元前208年），赵高奉命逮捕李斯、冯去疾和冯劫，这回真是原告落到了被告手里。

冯去疾、冯劫认为这是对他们人格的极大污辱，大声疾呼："将相不可辱！"愤然自杀，死得干干脆脆，倒不失为一种英雄的壮举。

李斯这只老鼠，落到赵高这只老猫手中，猫不把鼠玩个够味，还舍不得吃呢。《史记·李斯列传》载：

> 赵高案治李斯。李斯拘执束缚，居囹圄中，仰天而叹曰：嗟乎，悲夫！不道之君，何可为计哉！昔者桀杀关龙逄，纣杀王子比干，吴王夫差杀伍子胥。此三臣者，岂不忠哉，然不免于死，身死而所忠者非也。今吾智不及三子，而二世之无道过于桀、纣、夫差，吾以忠死，宜矣。且二世之治岂不乱哉！日者夷其兄弟而自立也，杀忠臣而贵贱人，作为阿房之宫，赋敛天下。吾非不谏也，而不吾听也。凡古圣王，饮食有节，车器有数，宫室有度，出令造事，加费而无益于民利者禁，故能长久治安。今行逆于昆弟，不顾其咎；侵杀忠臣，不思其殃；大为宫室，厚赋天下、不爱其费：三者已行，天下不听。今反者已有天下之半矣，而心尚未寤也，而以赵高为佐，吾必见寇至咸阳，麋鹿游于朝也。

　　司马迁的这一记载，无疑是李斯的内心独白。平时不去想、不敢想、不能想的东西，而今身居囹圄之中，自然会想、敢想、能想了。俗话说："旁观者清，当局者迷。"苏轼在《题西林壁》中说："不识庐山真面目，只缘身在此山中。"但是李斯作为秦王朝中人，他的这些感叹，却一句句都显示出他的眼光，他预测自己将亲眼看到秦王朝的灭亡。他失望、悲痛，似乎充满了绝望。当然，如果李斯已经完全绝望，那么他也会像冯去疾和冯劫一样"宁死不辱"，愤然自杀。可是李斯居然没有死，原来他骨子里面总忘不了失去的功名富贵。如果他能够读读《红楼梦》中的"好了歌"，深刻地领悟"古今将相在何方？荒冢一堆草没了"的深刻含义，那么，他也不会为死而又付出了如此惨痛的代价。由于他存在着幻想，他把这些幻想寄托在他已经认定绝对无道的秦二世身上，"斯所以不死者，自负其辩，有功，实无反心，幸得上书自陈，秦二世之悟而赦之"（《史记·李斯列传》语）。到了如此地步，还幻想出如此主意，真是"中国人尽往好处想"了。李斯的更可悲之处恐还在于此，狡诈而天真，见利不见害……诬杀韩非，辅助篡位，直到而今的"自负其辩……"

　　李斯已经陷入绝境，但是他还想看到自己亲手参与建立起的秦王朝的覆灭……

　　可惜，他看不到了。

　　赵高从秦二世那里弄来了诏意，全权审理根本不存在的李斯谋反案。赵高命令狱吏、兵勇将李斯宗族、门下食客等一干人等全部逮捕入狱，采用重刑逼攻，强迫李斯承认他与长子李由一起通盗谋反。李由不是"英勇"战死了吗？怎么会是"通盗谋反"呢？正因为死了，死人说不了话，说他反，他就反，说他不反，他就不反！

赵高是怎么全权审理李斯的呢？

《史记·李斯列传》载：

> 于是二世乃使高案丞相狱，治罪，责斯与子由谋反状，皆
> 收捕宗族、宾客。赵高治斯，榜掠千余，不胜痛，自诬服。

赵高审理李斯，完全采用严刑拷打，不知道是不是违反了号称以法治国的大秦法律？但是，我们每每在电影、电视、评书等里面看到官员的大吼一声"大刑侍候"的时候，往往毛骨悚然。封建社会、私家王朝的可恶，由此可见一斑。

李斯这样一个年老之人，已经 70 多岁了，怎么能受如此大刑？受不了也得受。他扛着拼着忍着，起初一定是死不承认。李斯即使不承认，赵高也有办法，于是"榜（béng）掠千余"。一个贵极人臣的丞相，一个满腹经纶的大学者，一位年逾古稀的老人……他无论如何也承受不了那"一千余杖"，李斯肯定已经被打得皮开肉绽，实在无法忍受，只得当一回"甫志高"，"不胜痛，自诬服"。赵高得到李斯严刑下的"通盗谋反"供词，立即又添油加醋，改头换面，进行合理想象，经过精心修缮，送呈秦二世胡亥，准备定案。

李斯本来可以像右丞相冯去疾、将军冯劫那样愤然自杀，那样至少可以免去临死前的痛苦，可是他侥幸之心促使他上书自陈，希望秦二世省悟而大赦。他的这种幻想实际上是不现实的，身为先朝重臣，官居丞相高位，儿子英勇战死，而今居然被赵高屈打成招……不过，蝼蚁尚且爱惜生命，所以他希望活下去。他把活下去的希望寄托在"上书"秦二世这一行动上，他凭老经验办事，于是他精心写下了他一生中的最后一份奏书：

> 臣为丞相治民，三十余年矣。逮秦地之陕隘。先王之时，
> 秦地不过千里，兵数十万。臣尽薄才，谨奉法令，阴行谋臣，

资之金玉，使游说诸侯；阴修甲兵，饰政教，官斗士，尊功臣，盛爵禄，故终以胁韩，弱魏，破燕、赵，夷齐、楚，卒兼六国，虏其王，立秦为天子，罪一矣。地非不广，又北逐胡、貉，南定百越，以见秦之强，罪二矣。尊大臣，盛其爵位，以固其亲，罪三矣。立社稷，修宗庙，以明主之贤，罪四矣。更克画，平斗斛度量文章，布之天下，以树秦之名，罪五矣。治驰道，兴游观，以见主之得意，罪六矣。缓刑罚，薄赋敛，以遂主得众之心，万民戴主，死而不忘，罪七矣。若斯之为臣者，罪足以死固久矣。上幸尽其能力，乃得至今，愿陛下察之。

李斯这一篇绝笔奏议，从秦始皇兼并天下到秦始皇建立大秦王朝，列举自己七大功劳，虽然正话反说，但是可能是他认为这样更能感动秦二世，所以求生的欲望跃然纸上。李斯用血用泪写出来的这一份奏书，怎样才能传到秦二世手里？李斯是否已经忘记，自己已经不再是丞相，而是一位囚徒。他与秦二世之间隔着多少级台阶啊？

《史记·李斯列传》载：

书上，赵高使吏弃去不奏，曰："囚安得上书！"

赵高的一句话，李斯的一切希望和企盼立即变成了泡影。可是身居囚室，体带重伤的李斯哪里知道外边发生了什么。"牢不通风"，更何况李斯这样的"钦犯"。

李斯虽然是囚犯，但是他毕竟是一位旧相，所以，秦二世接到赵高呈上的招状，按理要亲自派御使来复审案情。赵高熟悉秦国法律，早就做好防备。赵高于是叫他的手下装扮成御使、谒者、侍中，去审问李斯。

李斯看到秦二世派人复审，生命的火花又闪亮了一下，他以为他的奏书发挥了作用。御使询问李斯所犯罪行，李斯急忙以实回报，申言自己身受一千多杖，只得诬服……

李斯话未说完，旁边突然跳出十几个手持刑杖的武士，没命地往李斯身上乱打，直到把李斯打得昏死过去。

"哗啦啦"，一阵阵泼冷水的声响，李斯又从阎王殿里回到了人间，他一生哪里受过如此之罪！

"李斯，你这大胆叛逆，胆敢翻供，戏弄皇帝，你还想活命?"

李斯无法忍受皮肉之苦，只得诬服，承认谋反属实。

赵高玩弄这样的把戏，连续几天。李斯已经变成了条件反射。此时，赵高奏请秦二世派员复审。

过了几天，秦二世派来了御使、谒者、侍中复审李斯，李斯以为又是赵高玩弄的把戏，于是只好"诬服"，始终不敢更改一句"诬服"之语。李斯因此犯下了铁定的"通盗谋反"叛逆大罪。

李斯案件复查组回奏秦二世胡亥，胡亥高兴地对赵高说："如果不是爱卿，我差点儿上了丞相大当!"

公元前 208 年七月，秦始皇死去两周年的日子，秋风送爽，与两年前的酷热形成了鲜明的对比。秦二世御笔朱批："具斯五刑，论腰斩咸阳市。"（《史记》语）

什么叫五刑?

秦国法律规定，判处灭三族的人，都要先在面上刺字，割去鼻子，砍去左右指，然后用竹鞭打死，再斩首，在刑场上用鼎煮其骨肉；如果诽谤罪、詈骂罪，还要先割去舌头。这些就叫五刑。

不知李斯是否也被割去舌头等，但是李斯被杀的时候，有一个细节，在历史学家的生花妙笔下，令人惨不忍"读"。

　　李斯被提出了监狱，赏了酒饭，验明正身，押赴刑场，此刻他看到他的小儿子也被同时押赴刑场。

　　李斯老泪横流，心如刀绞，回头对他小儿子说："我想跟你再牵着黄犬一起走出上蔡东门去追逐狡兔，还有这种可能吧?"于是父子相向而泣。

　　李斯被杀了，还被"灭三族"，他的父母、妻妾、子女也被全部处死!

　　李斯在激烈的权力争斗之中莫名其妙地失去了生命，但是他作为一名谋略家，作为一名政治家，作为一名历史人物，他的名字将与世长存，不论他是好还是坏，是正确还是错误，是忠臣还是奸臣，是崇高还是渺小……

　　秦始皇病死沙丘，李斯怀着十分矛盾的心情，为了保住自己的荣华富贵，成了赵高、胡亥篡位夺权的主要帮凶。同样，为了逃避秦二世的责难，又精心炮制了《劝督责书》，加速了秦王朝的灭亡。李斯和赵高的斗争到了白热化程度的时候，他却显得智谋不足，或者是轻敌大意，大意失荆州，终于被赵高抓住时机诬陷而惨遭灭门之灾。从赵高杀死秦二世这件事来推断，李斯作为先朝重臣，当朝丞相，理当有权力，有能力去清除赵高之流，甚至废黜秦二世胡亥这个昏君。但是他却坐以待毙，企图通过秦二世去消灭赵高，可见其缺乏一个大政治家所应具有的勇气和胆识。他又贪恋荣华富贵，不愿功成身退，这实在是品性使之然，只得让后人去品评这个千古悲剧人物。

　　李斯作为一个活生生的人，贪利、恋利构成了他性格的基本特征，摆脱穷困，洗刷卑贱，成了他一生的奋斗目标。因而，他虽然时时处处见风使舵、见缝插针，但是最终还是难以逃脱被杀的命运。他的失败，开始于贪利和参与篡权，结束于过分自保，没有破釜沉舟的勇气! 作为谋略家，却惨死在别人的阴谋之中，足令后人叹息、惋惜，真是"瓦罐不离井上破，将军难免阵上亡"。

太史公司马迁曾经评价李斯：

> 李斯以闾阎历诸侯，入事秦，因以瑕衅，以辅始皇，卒成帝业。斯为三公，可谓尊用矣。斯知六艺之归，不务明政以补主上之缺，持爵禄之重，阿顺苟合，严威酷刑，听高邪说，废嫡立庶。诸侯已畔，斯乃欲谏争，不亦末乎！人皆以斯极忠而被五刑死，察其本，乃与俗议之异。不然，斯之功且与周、召列矣。

司马迁的评价比较公允。正因为如此，秦二世杀了李斯，等于自己毁了自己的江山社稷，李斯虽然追名逐利，但是他对大秦王朝可谓赤胆忠心，而赵高则与他是完全不同的人……

秦二世此刻可能正高坐禁宫之中，自鸣得意，他认为，除了赵高，他已经杀尽了他认为该要杀的人；秦二世没有除去赵高，是因为他认为赵高是个忠臣。

赵高此刻也可能正坐在太监椅上，志满意得，因为他认为，除了胡亥，他已经杀尽了他认为该杀的人；赵高没有除去胡亥，是因他认为时间未到，时间一到，他还会大开杀戒！

李斯死后，秦二世拜赵高为丞相，事无巨细，皆由赵高全权处置，赵高当上了无名有实的皇上了。

第三节　暴政亡秦

秦始皇推崇法家，他为人刻薄寡恩，对犯法之人动不动就用刑。上梁不正下梁歪，秦始皇本人这么凶狠苛刻，下属官员同样也是杀人如麻、草菅人命，使秦政的残暴达到高峰。人民扬手犯法，举足触律，无所措手足，大批百姓因一点小事被打入囚徒行列，去服苦役。以至于路上行人半数都是囚犯。长城脚下，阿房宫中，骊山墓旁以及五岭路上，处处堆积着白骨。大秦帝国竟成了一座人间地狱，用水深火热都不能形容当时百姓的生活状况。秦始皇的残暴统治，引起了社会的普遍不满，尤其是对秦恨之入骨的六国贵族，多次采用暗杀方式行刺秦始皇。世人得不到信用，纷纷指责秦的统治政策；广大百姓刚刚脱离战争之苦，本来拥护统一，但秦的暴政又引起了他们对故国的怀念，转而诅咒秦始皇早死，秦朝快亡。秦始皇二十九年（公元前 218 年），韩国贵族后裔张良求得力士，专门制造了 120 斤重的铁锥，埋伏在博浪沙（今河南中牟北）中，狙击秦始皇，由于误中副车，刺杀失败。秦始皇大怒，通令全国搜捕刺客，迫使张良改名换姓，亡匿下都（今江苏郊县南）。

秦始皇三十一年（公元前 216 年），秦始皇身着便服，与 4 名武士在咸阳行走，深夜行至兰池时，遭遇一股民间刺客，情况相当危急，武士奋力击杀，秦始皇才得以脱险。事后，在关中进行了 20 天的大搜捕。

沉重的兵役徭役压得人民喘不过气来，而且横征暴敛，也使得海内虚耗，民穷财尽。官逼民反，民不得不反。秦王朝自一建立，就蕴藏着一种深刻的危机。

秦朝的灭亡，赵高肯定难脱干系，而赵高之所以能够起到这样的破坏作用，与他当初受秦始皇的重用是分不开的。所以，"远小人，亲贤臣"，自古以来就是对帝王的忠言教诲。

正当秦王朝内部争权夺利，一片乌烟瘴气的时候，农民起义军和六国旧贵族的反秦部队已经成了燎原之势。陈胜、吴广死后，项梁取代了他们的地位。项梁在取得一系列胜利之后，自以为天下无敌。然而骄兵必败，果然项梁在与章邯一战中战败而死。

项羽勇杀宋义，破釜沉舟，于巨鹿一战，大败章邯，奠定了秦国必灭的基础。如果秦王朝精心组织力量反扑，还不至于让刘、项大兵很快攻入咸阳，可能还会出现新的诸侯割据。可是秦二世根本没有听说章邯大败，因为赵高封锁了一切关于这方面的消息。

然而世间哪有不透风的墙？

一日，秦二世狩猎回宫，就寝午睡，朦胧之中听到宫妾与内侍说："外面消息如何？"

"今听外边人说，章邯被项羽连败九次，损兵三十余万。楚兵不久就要入关，我等不知如何是好？"

秦二世听到这里，大惊失色，忙着穿衣起床，急叫内侍进内问个明白。内侍只得把他知道的一星半点告诉秦二世。秦二世魂不附体，同时勃然大怒，立即召见赵高。

秦二世当面大骂赵高："你身为丞相，事无大小，都归你掌管。今日章邯兵败于项羽，天下大乱如此，国家危亡之时，你为何不奏报于朕，还每天只说天下无事，你该当何罪？"

　　赵高叩首说："下臣虽为丞相，但是只能管理朝中之事，侍候陛下坐享天下太平。征战讨贼之事，全是章邯的责任，下臣一人岂能兼管？如今差遣特使追究章邯之罪，再另选大将东征，一切自然平息。况且外面之事，陛下不过听人传言，又无章邯实报，陛下不要轻信。"

　　秦二世听了赵高的甜言蜜语，又放下心来，立即派遣特使去责问章邯。章邯正要派人到咸阳报告军情，忽听皇帝特使到来，慌忙设案迎接。特使见面，把章邯狠狠训了一顿，留在军中追究章邯战败之罪。章邯一见这种情况，不觉大惊失色，急忙派遣司马欣去咸阳拜见秦二世。为防赵高陷害，章邯再三叮嘱司马欣，一定要亲自面拜秦二世。

　　赵高自从受到秦二世的责骂，心中寻思，一定是章邯秘密派人奏事，与内侍勾结……因此赵高十分恼恨章邯。正巧这时，章邯急派司马欣赶来咸阳，请求入朝拜见皇帝奏事。

　　救兵如救火，但是赵高却说："先在朝门外等候！"

　　赵高一手把持着朝政，司马欣只得在朝门外等候，但是一连等了三

兵马俑

天，依然听不到召见消息。司马欣焦躁不安，度日如年，想方设法，终于用重金收买了赵高门吏，转道内侍打听消息。

次日，门吏传出消息："丞相十分恼怪章邯将军，正要追究他的慢军之罪。你如今前来奏事，正好自投罗网，还是不见为妙。"

司马欣听到如此说法，心中恐惧不已，急忙回到下处，立即束马备鞍，星夜奔出咸阳，不敢走大路，尽择小路而逃，唯恐赵高追赶。

赵高稽留司马欣，就是企图寻找借口，拘禁章邯、司马欣、董翳三家老小，责以重罪。他哪里知道，司马欣钱能通神，竟让他逃了。

赵高令门官唤司马欣入见。门官四处寻找不着，转问司马欣下榻之处的人，得知司马欣已经出咸阳回去了，立即回报赵高。

赵高大怒，立令牙将四人，各备快马，火速追赶，务要捉拿归案。牙将得令，日夜兼程追赶，两日已尽，毫无踪迹。因为司马欣不走正道，牙将自然无处追赶，只得如实回报赵高。

赵高十分恼怒，痛责牙将。赵高立即入奏秦二世说："章邯等三人，久在外面领兵打仗，毫无功劳，丧师辱军，引来外寇，乃至京师震动。恐怕章邯等人早已勾结群盗，合谋叛乱，应该立即治罪。按情论罚，依法处死。再选大将，掌管征战，天下可保太平无事！"

章邯等人虽被项羽打败，但是他们也曾率骊山刑徒击败周章数十万大军，击杀项梁于战阵之前，久围赵国叛军于臣鹿之野……但是，这些浴血奋战的结果，到赵高那里，一切都一无是处。做昏君和奸臣的将领实在是太难了！

秦二世对赵高向来言听计从，立即准奏。

赵高立即派遣侄儿赵常为特使，带上秦二世诏书，召章邯等人回京问罪！

却说司马欣历尽艰险，拼命逃回军营，忙见章邯诉说理由："赵高专权，内内外外全受蒙蔽，没有人能控制这个局面。现在我们的处境是，战而能胜，必被赵高嫉功获罪；战而不胜，必死无疑。切望将军再三考虑！"

章邯听说详情，惊恐不已："内有奸臣，外遇劲敌，情处两难，如何是好！"即请董翳等众将商议。

董翳说："赵高心狠手辣，最难预测。李斯几朝老臣，功盖朝野，转瞬之间，杀身灭族。如今赵高嗔怒我等，我等如不防范，必然遭其毒手！"

正巧这时，章邯留在咸阳的密探谋士赶来报告情况："赵高已经动手，将章邯将军、司马将军、董翳将军三家老小全部拘拿狱内。如今专派特使赵常召回将军等人，看来李斯的下场又要落到各位将军的身上。如果据兵抗命，或许还可活命；如果随使回到咸阳，定无全躯之理，望各位将军三思而后行。"

章邯等人进退维谷，如坐针毡。

正当章邯等人无可奈何之际，项羽方面送来了陈余的劝降信。陈余在信中详细分析章邯处境、前途，与司马欣、董翳等人的言辞如出一辙。

正在章邯内外交困的时候，秦二世胡亥特使、赵高侄儿赵常送来了皇帝诏书：

> 征讨之命，向来出自天子；安定天下重任，本该属于元帅
> 将军。然而章邯等人，率兵征讨，丧师辱命，差官奏事，未得
> 降旨，私自遁逃。上下之分，君臣之义，殊为背叛。兹差骑将
> 赵常征拘，系颈来见，顺命不违，尚有酌处，如若抗旨不遵，
> 罪不容诛……

章邯听完诏书，心中大怒，要斩赵常。众将皆劝，只有司马欣说："赵高已经拘拿我等老小，惑盅之言，早已进入皇上之心。我等纵然立

下大功，击败项羽，又有谁知道呢？夷族之祸，在所难免。先拘捕特使赵常，细细计议再做处置！"

章邯立即下令拘扣赵常，与司马欣、董翳两人计议。

司马欣说："列国新立，士多狐疑，不宜归附。只有楚国势众，项羽军功震动诸侯，气盖天下，兵强将猛，即使大国诸侯也不敢仰视。灭秦之国，必然是楚。我等应该想方设法，归顺楚国，将来不失封王之位。"

章邯忧虑地说："我们曾经杀死项梁，项羽从小由叔父项梁抚养成人，形同父子，我们与项羽有杀父之仇，项羽怎肯让我们归附！"

董翳说："司马将军有恩于项梁。司马将军如今亲自走一遭，大概会有转机。"

司马欣曾经在栎阳当狱官，项梁因为杀人犯罪被拘禁在栎阳狱中。项梁通过关系请求司马欣给予关照，司马欣尽力帮助项梁了结了这一场官司。项梁深感司马欣厚恩。

司马欣说："那已经是很早的事了，当时项羽年龄尚小，不知是否知道这件事。不过也只好如此了，就是冒着生命危险也要走一遭。"

几位曾经为秦始皇征战多年，立下汗马功劳的将领，如今却落得如此悲哀的下场，带着几十万秦军，精心策划去拉关系、走后门，为的是归附楚人项羽。这些老将是一种什么样的心情？

昏君、奸臣的祸害是何等令人不寒而栗！

后来项羽在范增等人的劝说下，同时又脱不下司马欣与项梁的厚恩，于是答应了章邯等人归附的要求。司马欣立即回报章邯。

公元前207年七月，章邯率领20多万秦军投降项羽，秦国实际上已经名存实亡了。

赵高听说章邯已经投降项羽，心中居然大喜，真是"贤者见乱则忧，奸佞见乱则喜"。他经过几年的阴谋杀戮，终于实现了他沙丘篡逆时的梦想，秦二世胡亥现在已经完全被赵高操纵。按理来说，赵高应该感到心满意足了吧，应该停止作恶了吧。不，人心不足，更何况是如此奸佞之人。他曾经借助秦二世除掉了他的敌人，现在秦二世已经完全失去了意义，赵高开始考虑自己来当皇帝了。

他要窃取最高权力的地位，当上皇帝，难免要了解一下人心，所以他在咸阳宫中导演了一场荒谬的"民意测验"，这就是历史上有名的"闹剧"：指鹿为马。

赵高在咸阳宫中、朝廷之上，当着满朝文武重臣，进行篡逆夺权前的民意测验。

赵高在朝廷之上献给秦二世一头鹿，却对秦二世说："我特意献给陛下一匹宝马！"

秦二世胡亥笑着说："丞相搞错了吧？把鹿认成了马！"

赵高说："这明明是马！"

秦二世不敢相信，忙问左右大臣。不少大臣连忙说："马。"少数大臣却说："鹿。"还有少数大臣则缄默不言。

测验结果出来了，赵高测出大部人是拥护自己的；那些说"鹿"的人，赵高一个个都记下了名字，后来尽被赵高"严法罚治"了。通过这一试验，从此以后，没有一个大臣不惧怕赵高那骇人的权势。而秦二世这个试验对象，实在是可笑之极，他见到大多数人都说"马"，居然大惊失色，不但不怀疑赵高为非作歹，反而怀疑自己神经出了毛病，自以为见了鬼，忙召太卜打卦。太卜说："陛下春秋郊祀，事奉宗庙神灵，因斋戒不明，所以有如此鬼神作祟。陛下可去盛德之处实行斋戒，其祸可免。"这位太卜，上帝的代言人，自然是赵高一伙。

秦二世也不怀疑赵高阴谋，御驾去上林进行斋戒，当然，他每日依旧寻欢作乐。

秦始皇建立的统一大业，此时气数已尽。

赵高曾经多次对秦二世说："关东盗贼成不了气候。"可是项羽巨鹿一战，大败章邯，活捉王离，天下诸侯纷纷宣布称王独立。特别是刘邦攻入武关，派人联络赵高商议和谈，赵高害怕秦二世因此责备自己，从此称病不上朝。

秦二世进入上林斋戒，整日打猎玩乐。有人误入上林，秦二世亲手射杀。秦二世回到咸阳宫中之后，赵高已经策划清楚，寻找机会杀掉秦二世。

赵高听说秦二世在上林杀人，于是对秦二世说："天子无故射杀无辜之人，这是皇上的大禁，鬼神必然发怒，上天也将降灾。皇上应该远离皇宫以求补救！"

正巧此时，秦二世做了一个梦。他梦见一只白虎咬死了他驾车的左边的马，心中很是惊恐，又去找太卜占梦。太卜告诉他，说是泾水作祟。秦二世此刻又听到赵高此说，自然深信不疑。

赵高的阴谋之所以能够得逞，完完全全在于胡亥是一个平庸、昏聩、可笑、可怜的人。唐代诗人周昙在《胡亥》诗中说：

> 鹿马何难辨是非，宁劳卜筮问安危。
>
> 权臣为乱多如此，亡国时君不自知。

如今秦二世又听赵高之言，出居望夷宫中，祭祀泾河，把四匹白马沉入泾河之中，真是"不问苍天问鬼神"。此时，诸侯大兵已经弄得人心惶惶，秦二世听说后，派人责问赵高。

赵高已经十分讨厌秦二世，私下召集女婿咸阳令阎乐、其弟郎中令赵成密谋说："皇上不听劝谏，如今国家形势已经十分危急，而企图归祸于我们赵家。我准备更立皇上，拥立秦始皇之弟子婴为君。子婴素有贤名，仁义简朴，肯定能得到百姓爱戴！"

阎乐、赵成等人应声称妙。

当日，赵成在望夷宫等地散布谣言说："有大贼进入宫闱，可令阎乐引领兵卒追杀。"

一时间，宫内四处轰动。

赵高立即派阎乐带着千余人马，直扑望夷宫门，立将守卫绑缚，审问："贼人进宫，为何不止？"

守卫说："周围都有兵卒守护，哪里会有贼人进宫？"

阎乐自然不会听从守卫分辩，一刀斩首，指挥兵丁杀进望夷宫去。近侍宦官见兵卒杀来，惊恐不安，有少数人格斗，而大多数人却只恨爹娘给他少生了两条腿。赵成、阎乐直奔二世帏幄。

秦二世急呼左右，左右皆恐惧不能争斗，只有一个宦官扶着秦二世往后逃跑。

秦二世此刻还忘不了他是皇帝，责备说："你怎么不早点告诉我，怎么会弄到这个地步？"

宦官说："下臣急忙闭口奔跑，才没有被杀。如果说一句话，怎么能够扶持陛下来到此地……"

秦二世与宦官正在紧紧张张地说话，赵成、阎乐手持兵器已经赶到秦二世面前，用刀逼住脖子，数落秦二世的罪过："你凶残横暴，诛杀太甚，神人共愤，诸侯尽叛，自取乖戾，致有今日，不是我等威迫如此！"

秦二世此刻还想着赵高，希望赵高来救他一命，忙求告说："丞相如今在哪里？请求一见！""不行！"阎乐气愤地说。

秦二世迂腐到了何等地步，居然跟杀手们进行了以下一场讨价还价的生意。

秦二世哀告说："请转告丞相，愿得一郡为王，行吗？"

"不行！"

"情愿当一个万户侯，可以吗？"

"不行！"

"愿与妻子儿女，当一个普通百姓，该行了吧！"

阎乐叱责说："不行！"

秦二世哀求不已，声泪俱下。

阎乐大声说："我受丞相之命，为天下诛杀无道昏君。闭住你的臭嘴，我不敢转呈丞相！"随即指挥士兵以刀进逼，刃尖在秦二世胡亥的脸上、眼前、胸口、颈边和脚下晃动飞舞。

秦二世做不成这桩生意，万不得已，自杀而亡，结束了他那可耻的一生。秦二世死时不到 24 岁。

秦二世能当上皇帝，本来就是一种篡逆行为，这些，我们可以不去追究。但是即位之后，比桀、纣有过之而无不及。他昏庸残暴、恣意行乐、骄奢无常、宠幸奸佞，当然导致众叛亲离，身死国灭。

长 城

司马迁说："胡亥极愚，骊山未毕，复作阿房，以遂前策。诛斯、去疾，任用赵高，痛哉言乎！人头畜鸣。"

秦二世并非一定要弄到如此地步，贾宜《过秦论》曾替他献过这样的妙计："今秦二世立，天下莫不引颈而观其政。夫寒者利短褐，而饥者甘糟糠，天下之嗷嗷，新主之资也。此言劳民之易为仁也。"

可是秦二世非但不如此，反而把秦朝的皇室暴政发展到了登峰造极的地步。秦二世胡亥，的确是咎由自取、罪有应得。

赵成、阎乐逼死了秦二世，高兴地回报赵高。赵高也兴奋异常，准备过一下皇帝瘾，可是《史记·李斯列传》有这样的记载：

（赵高）引玺而佩之，左右百官莫从；上殿，殿欲坏者三。高自知天弗与，群臣弗许，乃召秦始皇弟，援之玺。

赵高召集文武大臣，告知诛杀秦二世的情况："二世不听我的劝谏，暴虐恣睢，诸侯尽叛，咎由自取，我已杀之。秦国本来是个王国，秦始皇才称皇帝。如今各国都自立为王，秦地缩小，徒有空名。现在仍然自立为王，与六国一样，以免天下争夺。如今秦始皇帝之弟子婴贤德，可立为王，大家以为如何？"

群臣无人敢议，赵高令子婴斋戒五日，在太庙即位。

斋戒期间，子婴与宦官韩谈及两个儿子密谋："丞相赵高在望夷宫杀了二世皇帝，恐怕群臣不服，于是假意立我为王。我听说赵高已经跟楚国密谋，他消灭秦帝宗室就为关中之王。如今企图借立我之名而实际上是要在太庙杀我。如今我称病不行，赵高一定会来相请。到时候，你等引兵埋伏乘机杀之，可报大秦之仇。"

斋戒五日，群臣都因赵高号令，齐到太庙参加子婴为王典礼。但是子婴称病未至，赵高连派几拨人去请，子婴都以生病推辞。

赵高只得亲自去请,因为没有子婴无法举行典礼。赵高来到子婴府第,责备子婴说:"宗庙大事,大王为何不去?"

子婴暗示伏兵杀出,立杀赵高。三年来一直在暗中算计他人的赵高,终于落入别人圈套,也是"多行不义必自毙"。子婴"夷其三族",赵高也终于被人灭了三族,可算皇天有眼。赵高的下场并不比扶苏、李斯、胡亥等人的下场更好,他的死亡与秦王朝的灭亡几乎同时。

赵高是一个十足的奸臣,但是他与李林甫、秦桧、魏忠贤等人不同,他"有权时无所不为,失势时即奴性十足",他是奸臣中最腐朽、最低级、最无耻的小人。

历史有时会玩弄一个恶作剧,使得一个平庸可笑的人物可能扮演了英雄的角色。赵高就是这样一个平庸可笑的人。

赵高是一个遗臭万年的人物,身死不足以抵罪。贾谊、陆贾、桓宽、柳宗元、李贽等人无不大声叱责,呼赵高为"小人"、"佞臣"、"蛆"等。

可是,明人赵时春在《史论》中认为赵高是在搞"曲线救国",说:"赵高本赵公子,为秦擒、被宫。六国未叛于外,而赵高先行阴谋于内,欲亡秦而报赵久矣。其君不悟,举天下而听之,悲夫!"

有一个名叫欧阳轩的人,在《月到山房诗赵高》中却说:

当年举世欲诛秦,哪计为名与杀身。

先去扶苏后胡亥,赵高功冠汉诸臣。

这种说法,只能叫做奇谈怪论了!

秦二世四年(公元前206年)八月,赵高死后,子婴祭告祖庙,在风雨飘摇中登上了王位。

秦二世四年(公元前206年)十月,刘邦入关,秦王子婴投降,秦灭亡。